# KINDFULNESS

## Atenção consciente e amável para o estresse

# KINDFULNESS

## Atenção consciente e amável para o estresse

Um curso prático de 8 semanas

**Julio Sebastián Zuázquita**

**Gary Hennessey**

Tradução Leandro Pizutti

Palas Athena

Título original: *Kindfulness: Atención Consciente y Amable para el Estrés. Un curso práctico de 8 semanas.*


Grafia segundo o Acordo Ortográfico da Língua Portuguesa de 1990, que entrou em vigor no Brasil em 2009.

**Coordenação editorial:** Lia Diskin
**Editor:** Samir Thomaz
**Revisão técnica:** Leandro Pizutti
**Preparação de texto:** Lidia La Marck
**Capa:** Silvia Ospina (inspirada em desenho de J.S. Zuásquita)
**Ilustrações:** Juan Castell e Julio Sebastián Zuázquita
**Gravação em áudio:** Estúdio Espaço Som
**Produção e diagramação:** Tony Rodrigues

**Dados Internacionais de Catalogação na Publicação (CIP)**
**(Câmara Brasileira do Livro, SP, Brasil)**

---

Serra, Julio Sebastián Zuázquita
Kindfulness : atenção consciente e amável para o estresse / Julio Sebastián Zuázquita Serra, Gary Hennessey ; tradução Leandro Pizutti. - São Paulo : Palas Athena Editora, 2022.

Título original: Kindfulness
Bibliografia.
ISBN 978-65-86864-17-5

1. Autoajuda 2. Autoconhecimento 3. Mindfulness (Psicologia) 4. Psicologia I. Hennessey, Gary. II. Pizutti, Leandro. III. Título.

22-104516 CDD-150

---

**Índices para catálogo sistemático:**
1. Psicologia 150
Aline Graziele Benitez - Bibliotecária - CRB-1/3129

1ª edição, abril de 2022



Direitos adquiridos para a língua portuguesa por Palas Athena Editora
Alameda Lorena, 355 - Jardim Paulista
01424-001- São Paulo, SP - Brasil
Fone (11) 3050-6188
www.palasathena.org.br
editora@palasathena.org.br

**Dedicado a:**

Todas as minhas amigas e a todos os meus amigos e colegas de BreathWorks (Reino Unido) e RespiraVida BreathWorks (Ibero-América) que praticam e trabalham com dedicação e compromisso para aliviar o sofrimento.

# SUMÁRIO

# PRÓLOGO DE VICENTE SIMÓN

Nós, seres humanos, nos tornamos uma espécie sem igual sobre a face do planeta Terra. Uma das coisas que mais nos distingue das demais espécies que aqui habitam é possuir uma consciência muito peculiar. É uma consciência humana, pela qual deveríamos sentir-nos agradecidos, orgulhosos e ávidos de obter o máximo proveito possível. No entanto, a realidade é que a maioria dos seres humanos consome sua vida, envelhece e até mesmo entrega seu último alento sendo parcialmente ignorante dessa extraordinária capacidade que durante toda a sua vida possuiu, mas que deixou escapar.

As razões desse desperdício são variadas, contudo as mais frequentes são a carência de tempo (já que a sobrevivência é prioritária) ou simplesmente a falta de informação. Ninguém lhes sinalizou a existência do tesouro e ninguém lhes ensinou a descobri-lo. No entanto as coisas estão mudando.

O leitor alerta que segue estas linhas não pertence, com toda a probabilidade, nem à categoria dos que desperdiçaram oportunidades, nem dos que carecem de sorte. Por alguma razão, talvez aleatória ou inverossímil, mas evidentemente real, o destino lhes trouxe a chance de folhear as páginas deste livro.

E esse ato, tão simples, pode ser que mude a sua vida para sempre. Porque o que o leitor ou a leitora tem em suas mãos é um guia para aprender a desenvolver a sua consciência, esse extraordinário patrimônio do ser humano.

Ratnaguna e Dharmakirti[1] são os mensageiros que nos brindam com essa oportunidade. Ambos possuem uma extensa experiência no ensino de mindfulness (que é a ferramenta com a qual você, estimado leitor, aprenderá a desenvolver a sua consciência). E essa ampla experiência se faz patente na singularidade deste manual. Já no momento em que li as primeiras páginas, me dei conta de que tinha diante de meus olhos um texto claro, simples, atrativo e enormemente prático. Um texto que convida a seguir lendo e que transmite com intensa claridade o que seus autores desejam comunicar.

Talvez o adjetivo "prático" seja o que melhor define a peculiaridade deste livro. Mindfulness é uma habilidade, uma perícia que se há de praticar. E o que aqui encontramos é uma série de exercícios que foram cuidadosamente escolhidos e sabiamente enriquecidos pela experiência docente de seus autores. Uma experiência que vai pavimentar o caminho do praticante que inicia, fazendo dele não apenas direto, mas também agradável.

Mindfulness consiste essencialmente na habilidade de prestar atenção à atividade da própria mente, de familiarizar-se com ela e de chegar a conhecê-la bem. Ao longo de séculos, se não de milênios, a cultura, ainda que não de forma massiva, tem acumulado experiências e teorias sobre o funcionamento e as funções da consciência humana e sobre como otimizar suas imensas possibilidades. Como antes disse, não foi esta uma atividade muito abundante na história de nossa espécie, mas é certo que em todas as épocas e em todos os povos houve homens e mulheres que se sentiram chamados a explorar a consciência em profundidade e que nos transmitiram, ao longo dos séculos, o fruto acumulado de sua sabedoria.

---

1 Gary Hennessey e Julio Sebastián Zuázquita, autores deste livro, preferem ser chamados por Ratnaguna e Dharmakirti respectivamente, nomes que receberam dentro da Ordem Triratna. E assim serão mencionados a partir de agora. [N. da R.]

Nos últimos quarenta ou cinquenta anos, assistimos a um florescimento do interesse pela consciência e pelo desenvolvimento e popularização da prática de mindfulness. O que antes era quase exclusivo de algumas minorias, agora se estende por todos os estratos sociais e todas as profissões. Mindfulness está na moda, com as vantagens e desvantagens que esse fato traz.

Em qualquer caso, o que ainda é verdade é que o florescimento de mindfulness responde a um avanço da consciência em toda a humanidade, um avanço necessário, não somente para nos orientar em tempos de crises, mas para nos ensinar o caminho geral a seguir, tanto no nível individual como no coletivo.

Animo o leitor para que não deixe passar esta ocasião de introduzir-se na prática meditativa e para que se deixe guiar pela sabedoria que emana do livro que tem em suas mãos. Sem dúvida, não lamentará isso. Desejo-lhe um caminho interessante e frutífero. Ao final do caminho, se persistir na tarefa, espera-lhe a alegria do verdadeiro despertar.

Vicente Simón,<br>
médico psiquiatra, catedrático de Psicobiologia,<br>
Universidade de Valência.<br>
Valência, Espanha, maio de 2020.

# PRÓLOGO DA EDIÇÃO BRASILEIRA DE ELISA KOZASA

Muitas pessoas já ouviram falar sobre mindfulness e os potenciais benefícios de cultivar uma consciência mais plena. Em um mundo cheio de distrações e coisas a serem feitas, parar a fim de observar e ter maior clareza da realidade podem exigir treinamento.

Mas como treinar a atenção? A primeira parte deste livro muito didático traz uma série de exercícios para desenvolver mindfulness, além da teoria pertinente ao tema. Imagine só se você puder focar a atenção sem tanto esforço nas atividades do dia a dia e na sua vida como um todo.

Gosto muito de uma frase de William James, conhecido psicólogo americano: "A realidade está onde coloco a minha atenção, momento a momento". Isso quer dizer que essa realidade não está onde não coloco a minha atenção, ou seja, quando não sou capaz de direcionar o meu foco no que realmente importa, é como se esse momento não existisse para mim.

Se chego em casa e me deixo levar pela rotina, pode ser que eu não tome consciência das necessidades, brincadeiras e até mesmo do sorriso do meu filho; pode ser que eu deixe de vivenciar os bons momentos com meu companheiro ou companheira e meus amigos; pode acontecer que eu utilize meu tempo livre basicamente para ficar consumindo em vez de contribuir para um mundo melhor...

E então vem a importância do conceito de kindfulness, que traz o elemento da amabilidade para esse contexto. Não basta ter consciência; precisamos desenvolver uma consciência amorosa; olhar verdadeiramente para as pessoas e a Natureza, e não apenas observar o que acontece; transmitir um cuidado, um carinho, um acolhimento; notar, perceber e reconhecer o quanto as pessoas buscam a felicidade e uma vida com menos sofrimento; desejar que elas possam viver melhor e procurar agir para ajudá-las a conquistar isso; e sempre se lembrar da importância de ter o mesmo cuidado consigo mesmo.

Em *Kindfulness*, os autores trazem toda essa amabilidade aos leitores, que terão a oportunidade de implementar um novo estilo de conviver a partir das instruções preciosas deste livro.

Boa leitura!

Elisa H. Kozasa,

docente e pesquisadora do Instituto do Cérebro do Hospital Israelita Albert Einstein e Fellow do Mind and Life Institute.

# APRESENTAÇÃO DE VIDYAMALA BURCH

Fico feliz em recomendar este livro que se baseia no exitoso programa Mindfulness e Compaixão para o Estresse MBPM, desenvolvido em BreathWorks e RespiraVida. Ao seguir o programa de oito semanas, você desenvolverá de maneira sistemática uma série de habilidades de mindfulness e compaixão seguindo um caminho claro e acessível para uma maior liberdade.

Conheço Ratnaguna e Dharmakirti há muitos anos e não encontro suficientes palavras para expressar minha recomendação. Ambos são meditadores com décadas de experiência e corporificam profundamente tudo o que falam. São pessoas amáveis e sábias que fazem do mundo um lugar melhor. Convido você a empregar o seu tempo para ler este livro e seguir sua orientação. Seu coração e sua mente agradecerão.

VIDYAMALA BURCH,

autora do livro *Mindfulness for Health* da Editora Piatkus,

cofundadora da BreathWorks UK (RespiraVida Espanha).

Ledbury, Inglaterra, maio de 2020.

# COMENTÁRIOS SOBRE O LIVRO

Sabendo que este livro floresceu como um lótus surgido da lama dos últimos meses de nossa crise global, trata-se de uma grande oferenda ao mundo. "O que é mindfulness?" Como colocá-lo em prática na vida diária? Como cultivar uma mente mais amável? Mais compassiva? Imbuída por *kindness*.

Como pode contribuir à nossa saúde e bem-estar a prática de meditação e mindfulness nestes momentos tão difíceis e estressantes? *Kindfulness* explora de uma maneira eminentemente prática, em um curso de oito semanas, a dimensão social, ou podemos dizer, a expressão altruísta de mindfulness.

Creio que é muito importante hoje em dia enfatizar estas práticas e conceitos em um mundo onde cada vez mais reconhecemos que nosso próprio bem-estar depende de nossa conexão com os demais.

Dharmachari Suḍāka,

cofundador e formador de professores de Bodhiyoga International.

# AGRADECIMENTOS

Há uma frase que diz "Quem se atreve a ensinar, nunca deixa de aprender", nunca tão bem empregada como no caso deste livro, concretizado como livro depois de muitos anos de seu conteúdo ter servido na condução de cursos para milhares de pessoas em centenas de lugares do mundo. Tanto o ensino como o aprendizado ocorrem fundamentalmente porque há um contexto de seres humanos que geram de modo contínuo as condições adequadas para isso.

Agradecemos a toda a equipe da BreathWorks CIC, Reino Unido, e da RespiraVida BreathWorks da Ibero-América, aos estudantes e professores que, através de seu entusiasmo e curiosidade, foram um guia e apoio na criação deste material ao longo de muitos anos.

Obrigado a Medhavin (MBPM *Teacher Trainer* certificado de RespiraVida México) por sua colaboração na tradução, a nosso amigo e colega Silamani (diretor de formação de RespiraVida BreathWorks) por sua inestimável ajuda na revisão de literatura e pesquisa e também por nos animar a publicar este livro.

A Leandro Pizutti (MBPM *Teacher Trainer* certificado RespiraVida Brasil) por aportar os resultados de pesquisa surgidos da aplicação deste programa em profissionais de saúde.

Obrigado ao paciente trabalho de correção, revisão de texto e o cuidado generoso de meu parceiro, Ramón, importante especialmente na última fase do livro (em meio a eclosão da pandemia da covid-19).

Gratos a Juan Castell, por ajudar-nos com algumas das ilustrações, e ao Editorial Siglantana, por confiar em nossa proposta em publicar este livro.

Nós dois, Ratnaguna e Dharmakirti, levamos décadas trabalhando juntos no desenvolvimento, formação de professores de mindfulness e na condução deste programa, e estamos muito agradecidos por termos a oportunidade de ensinar, aprender e celebrar estas maravilhosas ferramentas de transformação, assim como a oportunidade de oferecer o melhor presente, o presente do Dharma.

# AGRADECIMENTOS À EDIÇÃO BRASILEIRA

Para começar, gostaria de agradecer a todas as pessoas e professores da RespiraVida BreathWorks Brasil que me incentivaram a publicar este livro, especialmente Marcia Epstein, Denise Kato e Luiza Hiromi Tanaka. Em todos os momentos, senti uma grande confiança no processo de tradução, graças a Leandro Pizutti, que conhece a fundo o programa. Além disso, Leandro Pizutti e Lucianne Valdivia, em conjunto com outros pesquisadores, realizaram um importante trabalho de pesquisa empírica dentro do método científico, que respalda os conceitos e práticas que propomos.

Orientar meditações requer grande sensibilidade, bem como uma base de prática profunda, incorporada e comprometida. É uma bênção ter nossos queridos professores pioneiros do programa RespiraVida BreathWorks Brasil, os professores e treinadores Leandro Pizutti e Luiza Hiromi Tanaka.

Por fim, gostaria de agradecer à Palas Athena, especialmente à sua diretora, Lia Diskin, por propiciar a publicação desta obra. Em meio a tantas incertezas e tantos desafios para a humanidade neste momento, é uma bênção podermos contar com ferramentas e práticas que nos permitem cultivar um maior senso de compaixão, mais sabedoria e robustez emocional.

DHARMAKIRTI ZUÁZQUITA,
dezembro de 2021

# INTRODUÇÃO

Mindfulness, ou atenção consciente, ou atenção plena[2], é uma maneira prática de mudar e melhorar sua vida. O princípio que subjaz a ele é simples, mas profundo: a consciência é transformadora. Trazer mais consciência à nossa experiência nos permite ver como geramos sofrimento desnecessário, e ver isso nos dá a possibilidade de deixar de fazê-lo. Dito de outro modo, nos dá o potencial para começar a atuar de maneira que geremos mais felicidade, liberdade e amabilidade em nossas vidas.

Você, em certo grau, já tem consciência. Mindfulness é simplesmente uma forma sistemática pela qual você pode desenvolvê-la mais. Este livro descreve como fazer isso.

Mindfulness tem uma dimensão social e altruísta de cuidado, de amabilidade, de compaixão tanto para si mesmo como para os outros. É a esse aspecto que chamamos de kindfulness. A partir da metade do livro, vamos nos centrar mais nessa qualidade inerente da atenção consciente.

Mindfulness foi desenvolvido e ensinado pelo Buda, um homem que viveu na Índia há mais de 2.500 anos, e foi ensinado como parte de uma disciplina espiritual que conduz à Iluminação. Não entanto, o mindfulness que se ensina nos contextos seculares e é descrito neste livro é um pouco diferente do que ensinava o Buda e tem um propósito mais delimitado. Este outro tipo de mindfulness foi desenvolvido por Jon Kabat-Zinn no fim dos anos 1970, e agora é ensinado em todo tipo de contexto e para todo tipo de propósitos. Como uma maneira de viver bem

2. As expressões "mindfulness", "atenção plena" e "atenção consciente" são usadas ao longo deste livro como sinônimas.

com a dor e outras enfermidades crônicas, reduzir estresse, prevenir recaídas de depressão, prevenir recaídas no uso de álcool ou drogas para aqueles em recuperação, no parto e na maternidade, em prisões, escolas, organizações e ambientes laborais, em transtornos alimentares, para melhorar o rendimento no esporte e para pessoas vítimas de traumas, para enumerar somente algumas aplicações.

Em qualquer caso, seria um erro pensar que mindfulness é tão somente uma técnica para gerenciar problemas ou melhorar em alguma atividade. É também uma maneira efetiva de melhorar e enriquecer uma vida já bastante feliz, como sabemos por nossa própria experiência.

A felicidade e a resiliência são habilidades. Isso é o que ensinam as antigas práticas de mindfulness e compaixão, e o que as pesquisas da psicologia moderna têm demostrado. O maravilhoso é que essas habilidades, da mesma forma que dirigir ou dançar, podem ser aprendidas, treinadas e podem permanecer com você por toda a vida.

Os autores deste livro, Ratnaguna e Dharmakirti, somam mais de sessenta anos praticando e aplicando meditação, mindfulness e compaixão; estudando e ensinando a ética e a psicologia budistas tanto de forma secular como no contexto da Comunidade Budista Triratna.

Este livro é fruto de mais de quinze anos de experiência, tanto em conduzir o programa Mindfulness e Compaixão para o Estresse MBPM[3], como na formação de professores que o conduzam. Como material de base, foi utilizado *The Little Workbook of Mindfulness for Stress,* de Ratnaguna (Hennessey, 2016), o *Manual de tareas y prácticas para los participantes* (RespiraVida 2015b) e as *Notas del profesor* (RespiraVida 2015a), ambos do programa Mindfulness e Compaixão para o Estresse MBPM, adaptados especialmente para sua aplicação em espanhol e português. No presente livro acrescentaram-se atualizações das mais recentes

3. MBPM – Mindfulness-based Pain Management – ou manejo da dor baseado em mindfulness. Programa original de oito semanas criado por Vidyamala Burch, do qual nasceram o programa Mindfulness para a Saúde e o programa Kindfulness: Atenção Consciente e Amável para o Estresse. [N. do T.]

evidências científicas disponíveis sobre os temas tratados e especialmente as importantes conclusões surgidas das pesquisas conduzidas sobre a eficácia do programa em si.

## COMO USAR ESTE LIVRO

Este livro foi concebido para que você trabalhe gradualmente através de vários exercícios (que no treinamento de mindfulness se chamam práticas), o que lhe permitirá experimentar os benefícios de mindfulness. Cada capítulo corresponde a uma semana do curso e se baseia no que você aprendeu nos capítulos anteriores, sendo, por isso, uma boa ideia começar a leitura desde o princípio e continuar até o fim. É possível que você deseje ler o livro primeiro para saber para onde está indo, ou que simplesmente comece a praticar de imediato.

Há muitas práticas neste livro e é melhor não fazê-las com pressa, mas passar um tempo com cada uma antes de ir para a seguinte. Inclusive, quando passar para a prática seguinte, não abandone as anteriores, para que com o tempo você gere um repertório de práticas, como um músico que aprende muitas peças musicais.

Temos ensinado[4] durante muitos anos os conceitos-chave, ideias e práticas deste livro e detectamos que todos aqueles que dedicam tempo para praticar sempre se beneficiam muito. A maioria das pessoas descobre que algumas práticas funcionam bem para elas quase imediatamente, enquanto para outras parece que não. E digo "parece que não" porque não é fácil detectar de maneira imediata se uma prática está nos ajudando. Realmente só podemos saber depois de a termos feito por um tempo. Por isso queremos animá-lo a experimentar todas as práticas deste livro, inclusive aquelas de que você não gostar de início. Talvez você descubra que começa a gostar delas mais adiante.

---

4. Referência ao programa Mindfulness e Compaixão para o Estresse MBPM de RespiraVida BreathWorks (ver Anexo I).

Tendo dito isso, naturalmente você se sentirá atraído por aquelas práticas que lhe são agradáveis, e está bem centrar-se nelas. Quando nossos estudantes nos dizem que gostam de alguma prática, sempre os animamos a praticá-las muito porque, se gostam de fazer algo, é muito provável que continuem praticando. O prazer é um grande motivador. Mas a vida, como se sabe, não é sempre agradável e pode haver momentos em que ser consciente (ou *mindful*) pode ser sentido como um trabalho duro. Vale a pena perseverar nesses momentos; nossas percepções (ou *insights*) mais importantes sobre nosso comportamento geralmente surgem de períodos em que a vida não vai muito bem.

## CONCEITOS-CHAVE E PRÁTICAS

Há dois componentes principais neste livro: conceitos e práticas. Os conceitos e as ideias são, em um sentido, a teoria que subjaz por trás das práticas, as razões para praticar mindfulness e kindfulness. Ainda que sejam mais que somente teoria, são descrições da experiência e, ao lê-las, você pode começar a se aproximar da experiência por si mesmo. Ler os conceitos e as ideias e permitir que se integrem na sua vida é uma parte necessária do trabalho deste livro.

As práticas vão ajudá-lo a fazer isso. Então, depois de explicar cada conceito, daremos algo prático para ajudá-lo a vivenciar. Às vezes será algo que só precisará ser feito uma vez, a que chamamos de "exploração", mas geralmente serão exercícios e atividades que recomendamos praticar várias vezes.

De modo geral, há dois tipos de práticas. Uma requer que você saia de sua rotina diária e passe um tempo se concentrando nela sem pensar em nada mais. A esta chamamos de prática formal de meditação. Vamos pedir-lhe que dedique um tempo todos os dias a ela. Com quanto tempo vai se comprometer, isso vai depender de você. Se for novo na meditação, sugerimos começar com dez minutos, talvez duas vezes por dia, e estendê-los à medida que se familiarizar com a prática e sentir que deseja fazer mais.

Se sua prática estiver restrita somente à meditação, você ficará consciente (*mindful*) por um curto período de tempo a cada dia, mas o que almejamos é estar atentos mais ou menos o tempo todo. No final de cada capítulo semanal, oferecemos algumas micropráticas que podem ser realizadas no dia a dia ou no trabalho. Chamamos a essas práticas de Mindfulness em ação[5]. Se você as colocar em prática e continuar praticando, ao final das oito semanas, estará consciente (*mindful*) por bastante tempo.

## COMO FUNCIONAM AS PRÁTICAS

Uma das grandes descobertas da neurociência é que o cérebro muda com a experiência (o que é conhecido como neuroplasticidade). Digamos que você está aprendendo a dançar. Quando você aprende um novo passo de dança, uma nova rede neural é criada, instruindo o corpo sobre como realizar aquele movimento. É claro que fazer isso apenas uma vez não o tornará um bom dançarino, mas repetir o passo várias vezes reforça a rede neural, mudando o seu cérebro, deixando mais fácil executá-lo e ainda transformando você em uma pessoa melhor. Isso ocorre não somente com ações físicas; o nosso cérebro muda quando pensamos, imaginamos ou sentimos algo repetidamente.

Então, à medida que realizamos as práticas que descrevemos neste livro, na verdade já estamos mudando o cérebro, desenvolvendo e reforçando novas redes neurais, o que, claro, significa mudar a nossa mente e a nossa experiência. Os estudos demostram que mindfulness reduz o estresse, diminui a ansiedade, incrementa a resiliência emocional, reforça o sistema imunológico e eleva o estado de ânimo, para mencionar somente alguns poucos benefícios.

5. Ver a lista completa das microatividades Mindfulness em ação no Anexo II.

## UM CURSO DE MINDFULNESS E KINDFULNESS DE OITO SEMANAS

Você pode, se desejar, utilizar este livro como um curso de oito semanas.

Grande parte do material didático e as metodologias aqui desenvolvidas emergiram da condução do programa a milhares de participantes e temos evidências de sua eficácia. Se você deseja fazer o curso de oito semanas, cada capítulo representa uma semana do curso. No fim de cada capítulo, você encontrará um resumo das propostas de práticas da semana (meditações, Mindfulness em ação...). Claro que não é preciso fazer isso em oito semanas; pode levar o tempo que você quiser, mas é uma opção.

Segundo a nossa experiência, a maneira de tirar o proveito máximo do livro é fazer o curso Mindfulness e Compaixão para o Estresse MBPM de oito semanas em um grupo conduzido por um professor certificado por RespiraVida BreathWorks.

Dessa forma, você também poderá acessar a formação de professores de mindfulness e compaixão do MBPM, que segue as diretrizes da BAMBA – British Association of Mindfulness Based Approaches –, do Reino Unido, e da Red Española de Programas Estandarizados de Mindfulness e Compasión (para mais detalhes, ler o Anexo III).

## ÁUDIOS DAS MEDITAÇÕES DESTE LIVRO[6]

Você poderá escutar os áudios das meditações guiadas quando vir o símbolo:

no seguinte endereço: https://respiravidabreathworks.com.br/recursos/livro-kindfulness-stress/

ou lendo o código QR:

No caso de realizar o curso oficial com um professor certificado, você receberá um *pack* de áudios com mais diversidade, tanto na duração de cada meditação como nas vozes.

6. Ver a lista completa dos áudios das meditações deste livro no Anexo II.

# SEMANA 1

# MINDFULNESS: APRENDENDO A ESCOLHER

*Hokusai diz:*
*"Olha com atenção".*
*Ele diz: "Presta atenção, observa".*
*Ele diz: "Continua olhando, tem curiosidade".*
*Ele diz: "Não há fim para o olhar".*
ROGER KEYES[7]

## O QUE É MINDFULNESS?

Em vez de dizer diretamente o que é mindfulness, vamos fazer uma prática para que você possa experimentá-lo em si. Depois revisaremos essa experiência e elaboraremos alguns princípios. Para tanto, você precisará preparar uma xícara de chá ou algo que queira beber. Vamos nos referir a uma xícara de chá, então, se você estiver bebendo algo diferente, simplesmente adapte este texto à sua bebida específica.

**NOTA:** Na seguinte exploração, e em outras atividades, costuma haver uma instrução seguida por três pontos: "...". Isso significa que o convidamos a fechar os olhos e a passar algum tempo explorando as instruções que acabou de ler. Por exemplo, quando se lê "apenas segure a xícara em sua mão e observe ...", não vá diretamente para a próxima instrução, mas passe algum tempo observando. Depois de alguns momentos (o intervalo de tempo ficará à sua escolha), abra os olhos e leia as instruções seguintes. Os três pontos repetidos: " ... ... " querem dizer para dar uma pausa maior.

7. Fragmento do poema "Hokusai diz", de Roger Keyes.

## Exploração 1:
## Beber uma xícara de chá

Primeiro, apenas segure a xícara em sua mão e observe-a ... Observe como a luz e a sombra incidem sobre ela ... é mais suave de um lado do que do outro? ... Observe como reflete a luz e as diferentes cores dos reflexos. Por exemplo, se for uma xícara branca, tem apenas um tom de branco, ou muitos tons, muitas cores? ...

Agora olhe para a superfície do chá em si. Observe as cores, os reflexos, as sombras ... observe o vapor que sai dela ...

Sinta as sensações na pele da sua mão, o calor, o peso ...

Agora leve até o nariz e inspire. Tem aroma? Talvez feche os olhos para focar no odor ... pode ser forte, ou pode ser muito sutil ...

Enquanto faz isso, você provavelmente também sentirá o vapor no rosto ... se quiser sentir com maior intensidade, coloque a xícara sob o queixo ...

Se estiver com sede, observe a sensação de querer beber ... Tenha curiosidade por essa sensação ... Como você sente a sede? Como sente o impulso de fazer algo? ...

Talvez haja um pouco de impaciência também. Como se sente? ...

Agora leve a xícara à boca ... sinta a borda da xícara em seus lábios ... como você sente? ...

Tome um gole e deixe o líquido na boca por alguns segundos ... como você sente o líquido? E o sabor? ...

E agora engula, se ainda não o fez. Sinta como a bebida desce pela sua garganta ... a sensação de satisfação ao fazê-lo ...

Se você seguiu mais ou menos as instruções, você praticou a atenção plena. Então vamos revisar o que fez. Primeiro prestou atenção. Prestou atenção na aparência da xícara, em como a sentia em sua mão, sua temperatura. Também prestou atenção no chá em si, na sua aparência, seu aroma e seu sabor.

Então você usou mais de um sentido – olhou, sentiu, cheirou e provou. Se tivesse um som, também teríamos pedido que o ouvisse (uma xícara de chá não faz som a menos que você tome um gole do líquido!). A atenção plena consiste em estar consciente com todos os nossos sentidos. A expressão "atenção plena" pode ser facilmente mal interpretada, porque tendemos a associar mente com pensamento, pelo que podemos supor que "atenção plena" significa pensar. Podemos estar conscientes de nossos pensamentos, mas a atenção plena não significa necessariamente pensar. Mindfulness consiste em estar consciente de nossa experiência, seja ela qual for.

A experiência sempre ocorre no momento presente. É claro que podemos recordar as experiências e podemos antecipá-las, mas a experiência real só acontece no presente. Não é que estar consciente o impeça de usar a memória ou planejar o futuro. Claro, pode ser útil fazer ambas as coisas, mas a mente tende a vagar para o passado ou para o futuro sem realmente estar consciente de que isso aconteceu. Isso quer dizer que perdemos grande parte da vida distraídos, sem realmente estar presentes, sem experimentar plenamente nossa própria vida conforme ela acontece. Provavelmente seria impactante se pudéssemos dimensionar todas as vezes que nos distraímos do que realmente acontecia ao redor ou dentro de nós. Quanto da vida perdemos? Quantos anos o adulto médio passa sem realmente estar presente?

Sua mente se distraiu em algum momento durante a exploração? Nesse caso, provavelmente houve um momento em que você se deu conta: "Ah, sim, eu deveria estar fazendo este exercício" – e talvez você tenha retornado sua atenção para a xícara de chá. Qualquer pessoa que pratica mindfulness faz isso muitas vezes. Pode ser que haja algumas poucas que consigam ficar atentas todo o tempo, mas para a maioria de nós a atenção plena consiste principalmente em retornar ao momento presente.

## Definições de mindfulness

Portanto, agora, com base nessa experiência, podemos abordar uma definição de atenção plena. O professor de meditação Bodhipaksha a define assim:

> *Atenção plena é o suave esforço de estar*
> *continuamente presente com a experiência.*
> Bodhipaksa, 2018

É preciso um pouco de esforço para ficarmos atentos e voltarmos à experiência seguidas vezes, mas é um esforço suave, como o esforço requerido para que uma criança pequena volte à mesa. Claro, podemos ficar impacientes com a criança e trazê-la de volta com dureza, talvez gritar com ela, mas essa não é a melhor e nem a maneira mais amável de fazer isso. Do mesmo modo, podemos ficar frustrados com a nossa mente e fazê-la recuar com impaciência e força, mas na prática de mindfulness voltamos suavemente, com paciência. Tenha em conta que não é um esforço para controlar a experiência, ou para ter algum tipo particular de experiência; é simplesmente o esforço para prestar atenção na experiência, seja ela qual for.

No entanto essa definição não captura tudo. Se você já sabe algo sobre mindfulness, é provável que tenha encontrado esta conhecida definição de Jon Kabat-Zinn:

> *Mindfulness consiste em prestar atenção de uma maneira particular,*
> *intencional, no momento presente e sem julgar.*
> Kabat-Zinn, 2003

"Sem julgar" se refere à tendência automática que a maioria de nós tem de julgar constantemente as experiências, situações, outras pessoas (ou a nós mesmos) como bom ou ruim, valioso ou sem valor. Não é que nunca tenhamos de emitir julgamentos, claro que temos, mas prestar atenção sem julgar significa que podemos deixar de lado essa tendência automática de julgar as coisas de uma forma muito ou preto ou branco: "Isso é bom, isso é ruim; gosto disso, não gosto daquilo". Deixar de lado essa mentalidade que avalia nos permite chegar mais perto e ver as coisas tais como são: em geral nem preto nem branco, mas de diferentes tonalidades de cor. Na prática de mindfulness, usamos a palavra "discernir" para detectar as diferentes sensações da experiência, como você fez ao prestar atenção à xícara de chá, e reservamos a palavra "julgar" para a tendência de dividir a experiência em duas categorias separadas e, em seguida, aceitar uma e rejeitar a outra. À medida que você começar a praticar mindfulness, provavelmente notará uma tendência a ser crítico e terá de ter o cuidado de não se julgar por isso. Ao contrário, simplesmente com curiosidade e humor, observe o que a mente faz:

"Que interessante! Estou julgando de novo". Ao notar essa tendência, você descobrirá que, com o tempo, ela vai suavemente desvanecendo.

Outra meditação que colocaremos em prática mais adiante é a *mettabhavana* – cultivo da amabilidade ou bondade incondicional –, que nos ajudará a desenvolver qualidades como consciência amável, ou kindfulness. Ao trazer a atenção novamente para a respiração (ou qualquer que seja o objeto de sua atenção), essa consciência amável nos ajudará com toda a gentileza e ternura possíveis no aprendizado de soltar estados mentais e emocionais inábeis e desenvolver uma consciência mais habilidosa, receptiva, criativa e benévola.

## O PILOTO AUTOMÁTICO

Provavelmente, na maioria das vezes, você não presta tanta atenção ao beber uma xícara de chá como fez agora. Em geral, bebemos enquanto trabalhamos, conversamos, pensamos em outra coisa, vemos televisão, lemos jornal, não percebendo que estamos tomando algo. Você provavelmente já teve a experiência de beber uma xícara de chá sem se lembrar de tê-la bebido – "O que aconteceu com aquele chá?" – ou de topar em uma xícara de chá frio que você fez há duas horas. Quantas grandes experiências de sabor você perdeu por não estar prestando atenção. Isso provavelmente se aplica a muitas das coisas rotineiras que fazemos; coisas que não requerem nossa atenção, como comer, caminhar, dirigir ou lavar; geralmente fazemos tudo isso no piloto automático.

À primeira vista, o piloto automático pode parecer algo bom. Se podemos realizar tarefas simples de forma automática, liberando assim nossa mente para fazer outras coisas, isso não significa que podemos ser mais eficientes?

De certa forma, sim, mas tem também seus inconvenientes. Quando atuamos com pressa em piloto automático, quando reagimos de maneira habitual às coisas que nos acontecem, é como ter nossos botões pressionados o tempo todo. Por exemplo, se somos propensos à ansiedade, o mais provável quando estamos em piloto automático é termos pensamentos de ansiedade, sem nos darmos conta disso. Estaremos "perdidos" nesses pensamentos. Ou seja, assim que voltarmos à atenção, perceberemos que nos sentimos realmente ansiosos e não saberemos o porquê, não saberemos como chegamos lá.

Agora que você já teve uma pequena experiência de atenção plena, ou mindfulness, e que tem algum conhecimento sobre isso, vamos tentar outra exploração. Nesta, tentaremos estar conscientes das sensações físicas em uma parte específica do corpo.

### Exploração 2: Ser consciente de uma parte do seu corpo

Escolha uma parte do corpo para focar a atenção – as plantas dos pés, as mãos, o rosto ou o que for. Se for confortável para você, pode fechar os olhos para fazer essa exploração; isso pode ajudá-lo a focar a mente e a não se distrair com coisas que vê ao redor.

Preste atenção na parte do corpo que você escolheu ... sinta qualquer sensação que possa estar presente aí ... não estamos pensando sobre essa parte do corpo ou visualizando-a, mas percebendo e sentindo qualquer sensação presente nela ...

Talvez não haja nenhuma sensação ... ... ok, simplesmente observe isso estando aberto à possibilidade de que uma ou mais sensações possam surgir enquanto você presta atenção ...

Se você perceber que sua mente divaga, simplesmente traga-a de volta quando perceber, mas amavelmente, pacientemente ...

Faça isso por cerca de cinco minutos mais ou menos.

Então, o que aconteceu? Você conseguiu sentir alguma sensação? Se você não conseguiu sentir nada, como se sentiu a respeito? Sua mente divagou? Ou talvez você tenha ficado entediado? Uma experiência comum em pessoas iniciantes em mindfulness é uma sensação de que não estão fazendo direito. Se a mente divagar ou se não sentirem nenhuma sensação no corpo, ou se não se sentirem calmos, pensam que estão fazendo errado. Esse é o aspecto da mente que julga, já mencionado antes: bom ou ruim, sucesso ou fracasso. Um dos aspectos liberadores de mindfulness é que você não pode realmente fazer errado. Se você está *mindful*, ou consciente, então está fazendo bem. É por isso que não estamos tentando ter uma experiência em particular, estamos apenas percebendo o que está acontecendo em nossa experiência. Se a sua mente divaga e você percebe isso, se você está agitado e percebe, se você não sente nenhuma sensação no corpo e percebe, então você está sendo *mindful*, ou conscientemente atento.

Ok, e agora, se você tiver tempo, que tal fazer de novo? Esteja consciente de outra parte do seu corpo e desta vez você saberá que estará fazendo isso perfeitamente.

### Sua experiência

Ao longo do livro vamos sugerir várias atividades para você realizar: exploração através dos sentidos, práticas meditativas, reflexões... Você pode ampliar o efeito delas escrevendo como foram as suas experiências. Para isso, sugerimos que reserve um caderno, ou diário, para fazer as anotações, utilizando o roteiro sugerido, como na atividade a seguir.

Escreva o que notou ao fazer essa exploração. Que sensações físicas estavam presentes? Algum pensamento veio à mente? Percebeu algum sentimento? Teve algum julgamento sobre sua prática ou sobre você mesmo enquanto praticava?

**Sensações físicas:**

**Pensamentos:**

**Sentimentos:**

**Julgamentos:**

## APRENDER A ESCOLHER / EXPERIÊNCIA PRIMÁRIA E SECUNDÁRIA

### Reagir e responder

Uma das razões pelas quais vale a pena praticar mindfulness é porque esse estado mental nos abre a possibilidade de mais opções. Não que necessariamente haja mais opções no que acontece conosco, mas em como respondemos ao que acontece.

Por exemplo, é possível que você se sinta irritado sempre que fica preso no trânsito ou que o trem atrasa. Claro que ficar irritado com essas coisas não adianta; é um estado desagradável e não importa o quão irritados e impacientes estejamos, pois isso não fará fluir o tráfego ou fazer o trem chegar mais rápido. A irritação poderia se transformar em raiva, o que por sua vez poderia afetar a nossa comunicação, o que poderia ter um efeito negativo em nossas relações com as outras pessoas.

Quando reagimos sempre do mesmo jeito a certas situações, sentimos que esta é a única reação possível que podemos ter. Para alguém que sempre se irrita quando fica preso no trânsito ou esperando um trem atrasado, a irritação pode parecer a coisa mais natural e razoável de sentir. Engarrafamentos e trens atrasados = irritação! Claro que isso não é verdade porque uma pessoa irritada poderia olhar para os outros motoristas ou passageiros, e ver alguns deles conversando sem preocupações, cantando uma música do rádio ou rindo de uma piada. Existem outras maneiras possíveis de responder, o que significa que não temos de reagir da maneira que fazemos habitualmente.

> *Uma reação geralmente não é consciente, mas automática e habitual, enquanto uma resposta é consciente, escolhida e criativa.*

Ao percebermos que nossa irritação não é causada pelo trânsito ou pelo atraso do trem, mas que é a nossa reação pessoal, então a escolha é possível: posso permitir me irritar como costumo fazer, ou talvez responder de outra forma? É possível que você tenha notado que estamos usando as palavras "reagir" e "responder" de uma maneira muito particular: uma reação geralmente não é consciente, mas automática e habitual, enquanto uma resposta é consciente, escolhida e criativa.

O primeiro passo para ir da reação à resposta é perceber o que realmente está acontecendo. Ficar preso no trânsito ou esperando um trem atrasado, para a maioria de nós, geralmente é uma experiência desagradável. Que fazemos? O que a nossa mente faz quando a experiência é desagradável? Busca uma saída. Por exemplo, se estamos presos no trânsito, poderíamos tentar encontrar uma rota alternativa. Digamos que você decida fazer isso e descubra que essa rota também está bloqueada. O que a sua mente faz agora?

Se você for como a maioria de nós, será difícil aceitar a situação e fazer o que a música recomenda: "Não se preocupe, seja feliz!"[8]. Especialmente se você estiver indo para uma reunião importante ou morrendo de vontade de voltar para casa. Instintivamente resistimos/rejeitamos as experiências desagradáveis, mesmo quando não há nada que possamos fazer para mudá-las. Essa resistência se expressa em pensamentos, emoções e julgamentos. Se você está preso no trânsito, por exemplo, pode pensar: "Por que tem tanto trânsito aqui a esta hora do dia?", "Isso é ridículo", "Vamos, ande"; você pode se sentir irritado, zangado, culpado por não ter saído antes, ansioso por perder o horário, irritado pela possibilidade de seus filhos estarem dormindo quando você chegar em casa; e pode estar emitindo julgamentos sobre essa situação: "Quantos carros estão nas estradas hoje em dia!", "Por que estão abrindo um buraco na rua de novo?", "O secretário de transporte é inútil".

8. Canção de Bobby McFerrin, chamada "Don´t Worry Be Happy".

Esse tipo de reações tende a se intensificar e aumentar – um pensamento leva a outros, o que leva a mais emoções, mais julgamentos, mais pensamentos... Portanto a resistência a uma experiência desagradável simplesmente adiciona outra camada de sofrimento. Uma camada adicional de sofrimento que não precisamos ter.

Podemos chamar a nossa experiência direta de *experiência primária* e todas as reações a ela de *experiência secundária*. A prática da atenção consciente consiste em discernir entre a experiência primária e a experiência secundária, deixando de lado a secundária e simplesmente permanecendo com a experiência primária.

Quando estamos presos em um engarrafamento, a experiência primária é simplesmente estar sentados em um carro parado esperando que possamos nos mover. Isso é tudo o que está acontecendo. Obviamente é desagradável e a atenção plena não a tornará em algo bom ou em uma experiência prazerosa, mas ao menos você não terá de suportar uma escalada de pensamentos, sentimentos e julgamentos extras. O sofrimento secundário é opcional!

## A diferença entre sentimentos e emoções

Em geral, usamos as palavras "sentimentos" e "emoções" de forma intercambiável, mas, para os propósitos deste curso, faremos uma distinção entre elas, descrita a seguir. As emoções são o reflexo imediato do contato com as experiências, enquanto os sentimentos incluem o processamento cognitivo das percepções, sejam externas, internas ou ambas. Sentimentos são reações ou respostas a experiências e eventos (a nossa atitude em relação a eles). Digamos que você acabou de descobrir que o trem chegará uma hora atrasado. Você pode experimentar decepção, consternação, frustração e até mesmo angústia. Ao pensar que perderá algo importante, seu sentimento pode ser amplificado e até mesmo gerar novas emoções, como a raiva. Não temos escolha sobre a emoção inicial, mas podemos aprender a escolher como nos relacionarmos com ela. Ficar com raiva é uma emoção reativa, desencadeada pelo que pensamos sobre a situação inicial; já aceitar a situação com graça e humor é uma resposta.

## Aprendendo a distinguir entre a experiência primária e a experiência secundária

No início, pode ser difícil diferenciar a experiência primária da secundária, especialmente quando estamos em uma situação em que tendemos a reagir. Por isso propomos um experimento agora. Lembre-se: a experiência primária é a sua experiência direta, como você sente, como parece, soa, cheira ou sabe. A experiência secundária é composta de pensamentos, sentimentos e julgamentos sobre a experiência primária. Monte no caderno uma tabela como a da página seguinte e preencha-a assim: primeiro, escreva os aspectos da sua experiência primária neste momento na coluna da esquerda. Em seguida, escreva os aspectos da sua experiência secundária na coluna da direita.

| EXPERIÊNCIA PRIMÁRIA | EXPERIÊNCIA SECUNDÁRIA |
| --- | --- |
| | |

*É possível que haja coisas que não possamos mudar – algumas condições externas da nossa vida por exemplo –, mas ao menos podemos perceber como reagimos ou respondemos a tudo o que nos acontece e podemos desenvolver estratégias para mudar a relação que temos com as circunstâncias. Com mindfulness, podemos aprender a transformar qualquer momento em que poderíamos nos sentir vítimas das circunstâncias em um momento de honestidade, iniciativa e confiança.*

Burch, 2014

## CONTACTANDO COM A NOSSA EXPERIÊNCIA NO CORPO

*O corpo humano em paz consigo mesmo*
*É mais precioso do que a joia mais difícil de encontrar.*
*Cuida do teu corpo com amor; somente o terás esta única vez.*
*A forma humana é alcançada com dificuldade;*
*É fácil perdê-la.*
*Todas as coisas mundanas são tão fugazes*
*Como os relâmpagos do céu.*
*Esta vida, deves reconhecer*
*Como uma ínfima gota de chuva que cai no solo;*
*Algo precioso que desaparece no mesmo momento em que surge.*

*Por isso, estabelece teu objetivo;*
*Aproveita todo dia e toda noite para alcançá-lo.*

Tsong Kapa[9]

A meditação, ao menos a que você aprenderá neste livro, é da mesma natureza que a exploração que fizemos nesta primeira semana. Quando meditamos, simplesmente prestamos atenção à experiência tal como ela é. Aproximamo-nos dela, tornamo-nos íntimos ou familiarizados com ela. Não tentamos mudá-la, não tentamos alcançar nenhuma meta em particular, não tentamos ter uma experiência específica. Só prestamos atenção à experiência como ela é, no momento presente, sem julgamento. "A consciência em si mesma é transformadora" (Sangharakshita, 1997). Quando prestamos atenção à nossa experiência, ela tende a mudar: se ficamos agitados, por exemplo, e prestamos atenção à agitação e não a julgamos, ela tende a se acalmar naturalmente. Falaremos mais desse processo no capítulo da Semana 3.

A meditação nos ajuda a estar com a nossa experiência primária e nos ajuda a soltar a experiência secundária. Muito da experiência primária é sentida no corpo, então começamos meditando sobre as sensações do corpo.

O corpo é a âncora da consciência. Cada vez que voltamos ao corpo, baseamos a experiência em algo direto e imediato, em vez de estar em outro lugar. Sintonizar com o físico, o toque do tecido que nos cobre, uma brisa de ar fresco no rosto, os pés pisando na calçada são maneiras simples de sair de uma mente intoxicada, que funciona muito depressa, estressada e ativamente compulsiva. Em uma mente intoxicada, os pensamentos geram mais pensamentos, proliferam como uma cacofonia de música reciclada, diálogos internos negativos e pontos de vista repetitivos. Retornar ao corpo é o primeiro antídoto para isso.

Os quatro fundamentos de mindfulness que o Buda nos deixou vêm de um antigo texto budista chamado *Sutta Satipatthana*. Este *sutta*, ou

9. Mestre tibetano do século XIV.

"discurso" de ensino, é um guia sistemático e progressivo para desenvolver a atenção consciente, ou mindfulness. Ele ensina como cultivar a atenção consciente, bem como "do que" devemos estar conscientes e como a atenção consciente pode nos levar a uma percepção sobre a natureza da realidade. O primeiro aspecto da atenção consciente que o Buda nos legou é a atenção ao corpo e aos seus movimentos (Sangharakshita, 2020).

### A meditação do escaneamento corporal, ou *body scan*

Esta é uma versão ampliada da exploração que fizemos antes, quando você estava consciente das sensações em uma parte específica do corpo. Você precisará de cerca de quinze minutos para fazê-la, portanto, assegure-se de que não será interrompido. Geralmente é realizada na posição deitada, mas pode ser feita sentado. Recomendamos deitar-se sobre uma superfície bastante firme ou sobre um tapete de ioga. Coloque uma almofada ou travesseiro sob a cabeça para que o pescoço não fique tenso ou comprimido. Se você tem problemas na região lombar, pode ser mais confortável colocar algumas almofadas sob os joelhos, ou deixá-los elevados, com as plantas dos pés sobre o solo; caso contrário, você pode deixar as pernas esticadas sobre o tapete. Suas mãos podem estar apoiadas ao lado do corpo, com as palmas para cima, ou descansando sobre o abdome com as palmas para baixo.

Para esta e outras posturas, olhe a seção O corpo como uma montanha: A postura na meditação na página 70.

A sua temperatura corporal provavelmente cairá durante a prática, portanto certifique-se de ter aquecimento suficiente. Talvez você possa se cobrir com um cobertor ou tê-lo à mão, caso precise.

### Relaxamento

Não chamamos o escaneamento corporal de "exercício de relaxamento" porque essa expressão pode levar as pessoas a pensar que precisam "fazer" algo para relaxar. Na verdade, é o oposto: *o relaxamento é o nosso estado natural quando paramos de criar tensão.* O relaxamento é um estado de ser, não de fazer. É muito provável que um estado natural de maior conforto e relaxamento surja durante o escaneamento corporal, mas não é o único ou o principal objetivo da prática. Estamos simplesmente aprendendo a ser mais conscientes e a conhecer nossa experiência como ela é, sem reagir ou julgar, no momento presente.

### Meditação 1a: Escaneamento corporal (versão breve)

Nos áudios que acompanham este livro, você encontrará uma versão ligeiramente mais longa (1b) desta mesma meditação.

> Primeiro tomamos consciência de todo o corpo, desde a cabeça até os dedos dos pés ... Sinta seu peso sobre o tapete ... Tenha uma sensação de todo o corpo: seu peso, sua temperatura, como o sente ...
>
> Agora, tome consciência da respiração ... sinta-a entrando e saindo do corpo ... sinta o peito e o estômago subindo e descendo conforme o ar entra e sai ... Talvez você note outras partes do corpo movendo-se sutilmente com a respiração: as costas, os ombros, até mesmo os braços ou as pernas ...
>
> Em seguida, leve a atenção para cada parte do seu corpo, permitindo que sua consciência repouse em cada uma delas por um momento. Você pode começar pela cabeça e avançar lentamente ao longo do corpo até os pés ou vice-versa. No momento em que tomar consciência de determinada área, veja se consegue aceitar quaisquer sensações presentes. Algumas partes você pode sentir relaxadas, quentes e confortáveis, enquanto outras pode sentir tensas, desconfortáveis ou até doloridas. Outras partes você pode sentir dormentes. A prática é simplesmente notar quaisquer sensações que existam, tais quais são ...

Se as sensações são agradáveis ou prazerosas, veja se consegue senti-las sem se apegar a elas. Se são desagradáveis, na medida do possível, veja se consegue aceitá-las sem rejeitá-las, respirando nelas, suavizando a área ao redor ...

Depois de ter escaneado todo o corpo dessa maneira, amplie a consciência para incluir todo o corpo novamente ...

Continue na posição em que está por alguns momentos, sem fazer nada, e então, atenta e gentilmente, levante-se e tente levar essa consciência ao resto de suas atividades ao longo do dia.

Então, como foi? Muitas oportunidades de ver a mente divagando e de trazê-la de volta amavelmente? Se você sentir desconforto ou dor em alguma parte, fazer o escaneamento corporal provavelmente o deixará mais consciente disso, o que poderá levá-lo a perguntar-se se vale a pena fazer algo assim. Por que prestar atenção à dor ou ao desconforto? Pediremos que deixe em suspenso essa pergunta por enquanto. Realmente vale a pena fazer isso e, se você estiver disposto a perseverar, começará a notar e compreender por si mesmo.

**Sua experiência**

Escreva o que notou ao fazer o escaneamento corporal, talvez considerando os itens abaixo:

**Sensações físicas:**

**Pensamentos:**

**Sentimentos:**

*E disse ao meu corpo suavemente: Quero ser seu amigo.*
*Ele tomou uma respiração profunda e respondeu:*
*Tenho esperado por isso toda a minha vida.*
NAYYIRAH WAHEED

## CAMINHADA COM ATENÇÃO CONSCIENTE

Seria pouco realista pedir que você esteja consciente do seu corpo o tempo todo. Em vez disso, seria melhor pensar em cultivar ilhas de atenção consciente. Essas ilhas gradualmente afetarão toda a sua experiência. Portanto, de agora em diante, vamos pedir-lhe que faça algumas práticas especiais de mindfulness, práticas que serão guiadas semana a semana. Vamos começar cultivando a consciência corporal em uma caminhada com atenção plena. Vamos pedir que você faça essa caminhada todos os dias desta semana e depois continuaremos durante as próximas semanas até o fim do curso. Com o passar das semanas, vamos sugerir diferentes aproximações da consciência a essa caminhada, nas quais exploraremos temas específicos da atenção consciente a cada semana.

Você provavelmente será capaz de se lembrar de praticar sua caminhada com atenção plena (Maitreyabandhu, 2016) todos os dias se planejar bem e se se preparar para possíveis dificuldades que possam surgir. Vamos ver como se preparar:

Pense em um trajeto que você faz todos os dias a pé: no máximo de vinte e no mínimo de cinco minutos; talvez os primeiros dez minutos até a estação de metrô.

Descreva o percurso. Use um caderno para escrevê-lo detalhadamente: vou passar na frente do supermercado e depois virar à direita... Você pode até fazer um pequeno esboço ou mapa desenhando a rota. Isso o ajudará a se lembrar de fazer a caminhada com atenção consciente.

**Desenhe no caderno** um mapa ou descreva a sua rota da caminhada com atenção consciente.

**Escreva os problemas/dificuldades**: possíveis obstáculos que possam surgir enquanto você planeja caminhar aplicando a atenção consciente. Por exemplo: um colega de trabalho vai lhe dar uma carona até o escritório.

Tente pensar criativamente como resolver essas possíveis dificuldades/obstáculos: para não deixar de fazer a caminhada, você o avisa que quer descer antes, de modo a fazer o resto do trajeto a pé.

**Revise como foi**: talvez no fim do dia, ou em qualquer momento que dispuser, escreva como foi, o que você notou.

Caminhar com atenção consciente não é caminhar de maneira deliberada ou artificial. Tampouco significa que você tenha de andar devagar. Ande naturalmente; a única diferença é que nessa caminhada decidimos prestar atenção de propósito, e aqui estão algumas ideias de como fazê-lo:

- **Traga sua consciência para o corpo e seus movimentos enquanto caminha**: cada vez que se dispersar, simplesmente traga a mente de volta ao corpo de maneira natural e relaxada.
- **Preste atenção às plantas dos pés**: isso é especialmente útil se você estiver ansioso ou ocupado. Note o peso do corpo sobre os pés, tome consciência de como o solo o sustenta por baixo. Continue trazendo a mente de volta para isso.
- **Use a técnica de contar**: toda vez que você apoia as plantas dos pés, pode contar. É muito útil especialmente se você estiver estressado ou distraído. Sugerimos que conte (em silêncio) depois de cada passo, começando pelo um até oito e depois de trás para a frente até o um.
- **Use uma frase ou palavra**: enquanto caminha, você pode dizer a si mesmo de vez em quando: "Caminho com atenção consciente, caminho em paz"; procure suas próprias frases, com as quais se conecte melhor emocionalmente.

- **Caminhe e solte**: esteja consciente de todo o seu corpo, prestando atenção especial a qualquer sentimento de preocupação ou ansiedade, seja físico ou mental. Veja se você consegue abandonar essas preocupações e soltar, afrouxar seu corpo enquanto caminha.
- **Traga uma atenção apreciativa à sua experiência**: isso significa entrar em sintonia com as sensações agradáveis e prazerosas que você sente. Desfrute do seu corpo se movendo, observe o ar sobre a pele, o calor das roupas, a cor das flores e o canto dos pássaros.
- **Use sua imaginação**: você pode imaginar como se a cada passo, enquanto caminhar, um lótus nascesse debaixo dos seus pés, ou sinta a terra abaixo deles. Esta é uma boa maneira de se interessar pela prática da caminhada.

## O *slogan* desta semana: "Habitar o corpo"

O corpo é a nossa casa, daí o slogan "Habitar o corpo". Podemos pensar que vivemos neste ou naquele lugar, mas na verdade, se vivemos em algum lugar, esse lugar é o nosso corpo. O primeiro estabelecimento de uma atenção consciente é procurar estar cada vez mais no corpo. Tudo o que precisamos fazer para nos sentirmos um pouco mais felizes é sair para correr, fazer ioga ou levar o cachorro para passear. O corpo é o nosso primeiro porto de ancoragem. Se quisermos desestressar ou evitar de nos sentir deprimidos, a primeira pergunta que devemos fazer é esta: Estou fazendo algum exercício físico? Estou dormindo o suficiente? Estou comendo coisas saudáveis? O corpo é algo ao qual sempre podemos retornar, enquanto lemos, estamos em uma reunião ou dirigindo. Em qualquer momento que você não se sentir seguro se está realmente cultivando a atenção consciente, apenas preste atenção no seu corpo e nos seus movimentos; isso é tudo o que precisamos fazer. E, claro, assim que percebemos o corpo, começamos a nos dar conta de como o sentimos, se está confortável ou desconfortável, se está pesado ou leve, dormente ou com cócegas.

## MINDFULNESS EM AÇÃO 1: UMA ATIVIDADE COM ATENÇÃO CONSCIENTE

A cada semana vamos sugerir uma atividade que você pode fazer para cultivar a atenção na sua vida diária e com isso diminuir o estresse. Essas pequenas tarefas tomam muito pouco tempo – ou nenhum, no caso da atividade desta semana –, mas podem ter efeitos muito grandes. Uma atividade dessas por si só não trará grandes resultados, mas fazê-la várias vezes ao dia pode gerar uma grande diferença.

Convidamos você para esta semana estar atento durante as atividades diárias, como escovar os dentes, tomar banho, comer alguma coisa, abrir e fechar portas, subir e descer escadas, ou preparar e beber uma xícara de chá ou café.

Essas atividades não tomam tempo, ou seja, não requerem tempo adicional durante o dia, pois são coisas que você já realiza. Apenas faça com atenção. Não precisa fazer mais devagar; é para simplesmente prestar atenção a qualquer coisa que você estiver fazendo.

Por exemplo, ao escovar os dentes. Prestar atenção significa, antes de tudo, apenas escovar os dentes e não fazer mais nada ao mesmo tempo, como limpar a pia ou sair do banheiro para ficar conversando com alguém da família (o que é muito incômodo!). Isso é dizer não para a multitarefa.

Significa prestar atenção às sensações que são produzidas ao escovar os dentes: a sensação da escova nos dentes e na gengiva, a sensação e o sabor do creme dental na boca. E, por fim, a sensação da água fresca ao enxaguar a boca.

Também significa trazer sua mente de volta ao que você está fazendo quando ela divagar para outra coisa, o que provavelmente acontecerá várias vezes, mesmo em uma sessão de limpeza dos dentes de dois minutos.

Usamos o exemplo de escovar os dentes, mas você pode aplicá-lo em qualquer outra atividade que decida fazer com atenção: comer, beber uma xícara de chá ou subir e descer escadas.

1. Faça somente essa atividade e nada mais.
2. Preste atenção às sensações físicas que surjam ao realizá-la.
3. Traga sua mente de volta toda vez que divagar.

A forma mais simples de praticar o Mindfulness em ação é voltar ao seu corpo. Aqui temos um exemplo:

- Observe os movimentos do corpo quando tirar a roupa.
- Sinta as mudanças da temperatura na pele.
- Observe o que você faz com a roupa: se a dobra cuidadosamente ou se a deixa amontoada na cadeira.
- Observe as sensações ao vestir o pijama.
- Observe como se transfere o peso do corpo de um pé para o outro ao colocar a calça do pijama.
- Observe a temperatura e o contato que a sua roupa de dormir faz com a pele.
- Como você sente seu corpo quando vai para a cama?
- Sinta a sensação de alívio físico ao deitar e descansar a cabeça.

Com o passar das semanas, você pode alternar a atividade para o Mindfulness em ação. E, se tiver tempo, use seu diário para escrever qualquer coisa que achar especialmente notável sobre essa experiência. Da mesma forma que na caminhada consciente, você pode fazer uma anotação para cada dia da semana, ou até criar uma tabela para assinalar em quais dias fez a prática. Isso o ajudará a não perder de vista a prática de Mindfulness em ação, pois é muito comum esquecê-la. Não tem problema, faça o que puder. Trata-se de manter em mente que você pode intensificar sua atenção consciente, recordando-se disso todos os dias a partir de agora com uma abordagem sensível e paciente, sem esperar demais de si mesmo por um lado, e sem renunciar muito facilmente por outro.

## TAREFAS E PRÁTICAS PARA A SEMANA 1

**Meditação** – Nós o convidamos a colocar em prática o escaneamento corporal (meditação 1a). Faça pelo menos duas vezes por dia. Não espere sentir nada específico enquanto o estiver fazendo; na verdade, coloque de lado todas as expectativas. Apenas permita que sua experiência seja tal como é no momento. Não faça julgamentos. Falaremos sobre ela na próxima semana.

Áudio no seguinte endereço: https://respiravidabreathworks.com.br/recursos/livro-kindfulness-stress/

**Utilizar o *slogan*** "Habitar o corpo".

**Caminhada com atenção consciente**: Faça ao menos durante cinco dias. Utilize um trajeto que você já faz diariamente. Sem fones de ouvido, música ou celular, percebendo seu corpo, as sensações físicas e o movimento, trazendo uma curiosidade amável e investigativa para a sua experiência.

**Mindfulness em ação 1**: Realize uma atividade cotidiana com atenção plena.

# SEMANA 2

# VOLTANDO AOS NOSSOS SENTIDOS

*Ele diz: "Não tenhas medo.*
*Não tenhas medo.*
*Olha, sente, deixa a vida levar-te pela mão.*
*Deixa que a vida viva através de ti".*
ROGER KEYES

## O MODO FAZER E O MODO SER

Na prática de mindfulness, fazemos uma distinção útil entre dois modos de operar da mente: fazer e ser (Segal, 2006). O modo fazer se esforça por alcançar os objetivos. Ele não está satisfeito com a maneira como as coisas estão neste momento, mas tenta melhorá-las. Observa os problemas e tenta corrigi-los. Por isso, o modo fazer tende a orientar-se para o futuro, para os objetivos que foram estabelecidos, as melhorias que quer fazer, para os problemas que tenta resolver.

O modo ser é orientado para o momento presente. Quando estamos no modo ser, experimentamos o momento presente diretamente em toda a sua plenitude e riqueza, com suas imperfeições, e não sentimos nenhuma grande necessidade de mudá-lo ou de realizar qualquer coisa. Em vez disso, estamos curiosos e interessados na nossa experiência.

De modo geral, a maioria das pessoas passa muito mais tempo no modo fazer do que no modo ser. Na prática de mindfulness, tratamos de equilibrar em direção ao modo ser. Você pode pensar que isso parece muito passivo, que atenção plena implica deixar as coisas como estão, mesmo que essas coisas sejam insuficientes, injustas ou nos causem sofrimento. No entanto, o modo ser conduz a mudanças, muitas vezes profundas e de grande alcance, mas o faz de uma forma diferente do modo fazer.

## O cérebro, o modo fazer e o modo ser

*Default mode network* (DMN) ou rede de modo padrão é o circuito cerebral que está ativo nos pensamentos autorreferentes (eu, meu, mim) e no divagar da mente, quando descansamos e não estamos focados em nenhuma atividade. Essas funções podem se tornar problemáticas se ficamos presos em pensamentos repetitivos, nos preocupando, sendo excessivamente autocríticos ou ficando presos em julgar e culpar (com potencial ruminação e catastrofização).

A prática diária de mindfulness nos ajuda a passar do modo fazer para o modo ser da mente habitando o momento presente. Essa mudança de modalidade está correlacionada com a desativação da DMN e a interrupção dos padrões reativos de pensamentos e hábitos de comportamento que nos causam estresse (Brewer, 2011).

## Ser humano ou fazer humano?

Faça uma breve recordação dos últimos dias. Monte uma tabela no caderno e escreva na coluna da esquerda todas as vezes em que esteve no modo fazer – pode incluir limpar a casa, trabalhar, ir e vir do trabalho, fazer compras. Em seguida, escreva na coluna da direita todas as vezes em que esteve no modo ser – pode incluir assistir a um filme, ouvir música, conversar com um amigo ou não fazer nada em particular.

| MODO FAZER | MODO SER |
|---|---|
| | |

Em que modo você está agora?

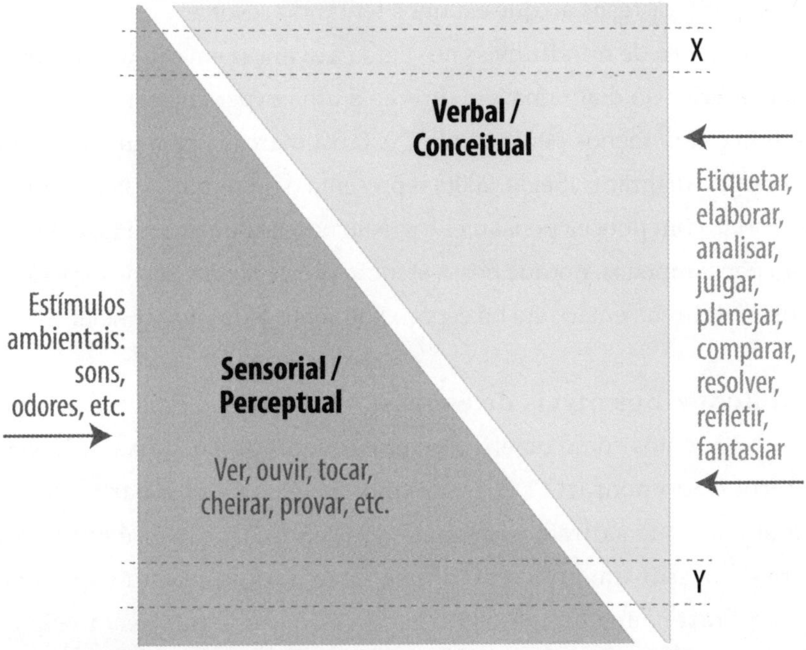


## Sentir mais, pensar menos

Você poderá notar que mindfulness consiste principalmente em ser consciente da experiência do corpo. Isso porque nos interessa ter uma "experiência direta" da vida, ao invés de uma experiência mediada por pensamentos e ideias. O diagrama anterior nos mostra duas maneiras nas quais a mente tende a operar: o triângulo da esquerda representa a experiência direta do mundo (experiência primária); o mundo tal como vemos, ouvimos, tocamos, etc. O triângulo da direita (invertido) representa a conceitualização desse mundo (experiência secundária); a maneira como rotulamos cada experiência, o que pensamos dela, como analisamos, comparamos, julgamos, etc.

Quando estamos estressados, tendemos a operar na parte superior do diagrama, na faixa marcada com um X; nos preocupando, analisando, resolvendo problemas... Essa capacidade de pensar, analisar e refletir é uma coisa maravilhosa, mas, quando estressados, tendemos a usar esse modo da mente de forma excessiva, em uma atividade mental que tende a nos manter presos ao que estamos tentando resolver.

A prática de mindfulness nos ajuda a avançar em direção à extremidade inferior do diagrama, em direção a uma experiência mais direta do mundo e com menos pensamentos. A faixa marcada com um Y na parte inferior do diagrama (Segal, 2006) representa o predomínio da experiência sensorial, com poucos pensamentos. Não necessitamos aqui fazer esforço para pensar menos, porque nossa atenção já está absorvida na experiência sensorial direta, então não há espaço na mente para pensar nela.

### Reduzir os níveis de estresse

Não temos como objetivo viver o tempo todo na faixa Y; às vezes é apropriado pensar! O que tentamos fazer é viver a partir de uma experiência mais direta e imediata do mundo. Dito isso, é muito revigorante passar um pouco do dia na faixa Y, porque essa experiência reduz drasticamente nossos níveis de estresse. É por essa razão que recomendamos as práticas como o escaneamento corporal, Mindfulness da respiração (2a) e os Movimentos conscientes (a meditação 5 e a 8), que veremos mais adiante.

### O que acontece quando estamos estressados?

Vimos que, sob estresse, duas coisas acontecem: temos uma experiência direta de estresse (experiência primária) e uma série de reações a essa experiência (experiência secundária) – pensamentos, sentimentos, julgamentos e outros comportamentos mentais. Grande parte da experiência secundária consiste em resolver problemas: analisar a situação, pensar em como arrumá-la, etc. Chamamos essa atividade mental de modo fazer. O modo fazer pode ser muito útil, pode realmente trazer soluções. Mas também pode ser disfuncional e contribuir para a sensação de estresse se não formos capazes de resolver o problema imediatamente. Quando percebemos que não podemos resolver um problema no mesmo instante, o melhor é deixá-lo até que chegue o momento em que seremos capazes de saná-lo. No entanto, o modo fazer tende a seguir tentando solucionar o problema e, paradoxalmente, isso mantém a presença da nossa sensação de estresse.

Quando temos um problema de qualquer tipo, o modo fazer entra em ação. Digamos que uma porta de sua casa esteja mal instalada e já não feche facilmente dentro do marco. É um custo fechá-la e você teme que um dia ela não feche mais. Então, se você for uma pessoa prática, analisa a situação, vai até sua caixa de ferramentas e a conserta. Ou consulta a internet e chama um técnico para fazer o serviço. Assim temos o problema resolvido; o modo fazer cumpriu seu dever.

A questão é quando assumimos que podemos mudar tudo usando esse modo fazer. Toda a indústria da autoajuda também pressupõe isso: Você sente ansiedade? Está bem, faça algo a respeito – você pode mudar a si mesmo para não sentir mais ansiedade! De qualquer maneira, quando se trata de mudar um aspecto de nós mesmos, temos de abordá-lo de uma forma diferente. A mudança interna requer uma mentalidade muito diferente: é o que chamamos de modo ser. *Enquanto o modo fazer é ativo, orientado para o resultado e para o futuro; o modo ser é receptivo, aberto e orientado para o presente.*

## MINDFULNESS EM AÇÃO 2: DIMINUIR A VELOCIDADE

Uma maneira de nos movermos para baixo nos dois triângulos – mudar do modo fazer para o modo ser – é proceder um pouco mais lentamente do que de hábito. Isso nos ajuda a sair da atitude de fazer as coisas apenas para completá-las, e nos permite apreciar ao fazê-las, desfrutar da viagem tanto quanto chegar ao destino. Estar *mindful* não significa necessariamente fazer tudo devagar; é possível ser consciente/*mindful* e rápido; mas quando agimos com rapidez há uma tendência de nos desconectarmos do corpo, de irmos para a cabeça e, efetivamente, de operarmos a partir do modo fazer.

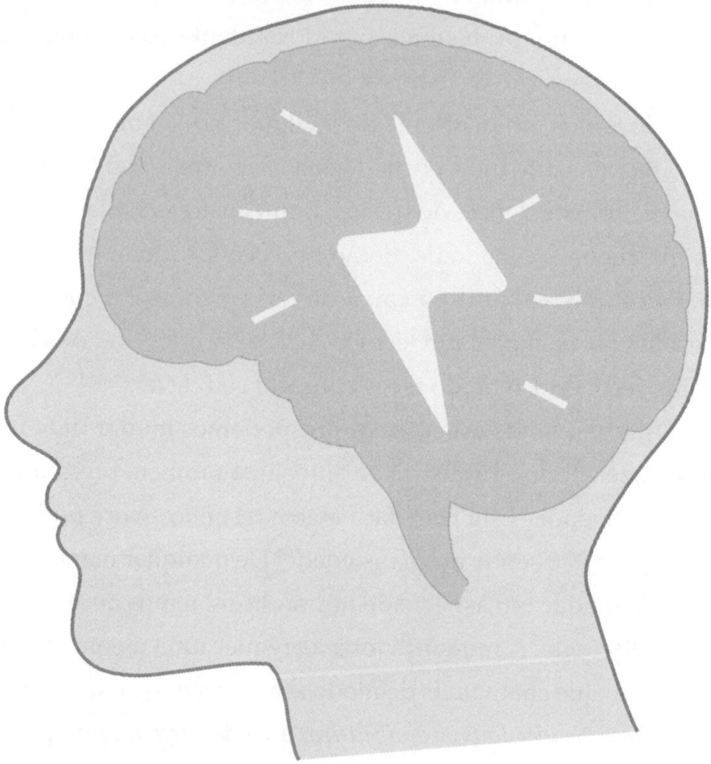

Fazer tudo muito rápido tem um efeito negativo sobre nós (Hanson, 2013):

- Ativa o sistema de resposta ao estresse, liberando adrenalina e cortisol na corrente sanguínea. Com o tempo, esses hormônios enfraquecem o sistema imunológico e afetam o humor.
- Ativa o alerta vermelho do sistema de alarme do cérebro, de modo que você fica muito sensível a possíveis ameaças, tornando-se propenso a encontrar coisas com as quais se preocupar e se irritar, o que leva a ser mais fácil reagir e mais difícil responder.
- Reduz o tempo para pensar com clareza e tomar boas decisões.

**Por isso, esta semana:**

Faça algumas coisas mais lentamente do que de costume. Por exemplo, quando você tomar uma xícara de chá, dê a si mesmo tempo suficiente para bebê-la. Leve a xícara aos lábios sem pressa, beba devagar como se tivesse todo o tempo do mundo, saboreie, desfrute. Se você caminhar para algum lugar, use o tempo necessário para que sua caminhada não se transforme em mais uma tarefa que você tem de cumprir apressadamente.

Ande devagar, olhando ao redor, percebendo a paisagem. Ao fazer um trabalho, faça-o devagar, permita-se fazê-lo meditativamente, sem pressa, sem precipitação. Se você dirige, tente dirigir mais lentamente do que o costume. Desfrute o movimento lento!

Resista à pressão dos outros para fazer tudo com rapidez. Às vezes, nos pegamos fazendo algo com pressa por falta de previsão ou por mal planejamento de outra pessoa. Não deixe o mal planejamento de alguém afetá-lo. Diga-lhe que você fará isso quando puder, que pode não ser na hora que ele espera.

Procure o bom do momento. Essa é uma boa maneira de inibir nossa tendência de ir para o futuro. Olhe ao redor até encontrar algo agradável – algumas flores, o céu, uma cor – ou sinta o fluxo de sua respiração e permaneça aí por alguns instantes.

Com o tempo, conclua seus compromissos existentes e tome cuidado para não assumir mais. Note e desafie qualquer pressão interna para estar sempre fazendo algo mais. Preocupar-se o torna mais feliz? Ou o estressa e desgasta mais?

Enquanto isso, maravilhe-se com a leveza e o bem-estar que provêm de reduzir o ritmo. E não se surpreenda se disserem que você parece mais seguro, descansado, digno e feliz.

## TOMANDO CONSCIÊNCIA DA RESPIRAÇÃO NO CORPO

Todas as técnicas e ferramentas que transmitimos neste livro estão, em um sentido ou em outro, relacionadas à respiração. A técnica principal que ensinamos e que forma o fio condutor de todas as práticas de mindfulness do programa é aprender a trazer a respiração para qualquer experiência que você tenha, trazendo consciência a ela com a inspiração, com uma atitude amável e receptiva, e suavizando a dureza da nossa resistência com a expiração, usando a respiração para soltar a tensão e a sensação de apego.

A resposta normal e humana para a tensão, dor ou outras sensações desagradáveis em alguma parte do corpo é tentar evitá-las, resistir ou se defender. Essa resposta é completamente natural e é algo que todos fazemos quando estamos estressados de alguma maneira, mas que provavelmente criará mais sofrimento e tensão, sem que percebamos. Nesse ponto é muito fácil entrar em um círculo vicioso de sensações desagradáveis, tensão, mais sensações desagradáveis, mais tensão. No entanto, aprendendo a trazer a respiração para a experiência de desconforto, pode-se interromper esse ciclo e gradualmente reduzir a tensão, relaxando em torno da experiência. As sensações desagradáveis em si podem não mudar, mas é possível que as camadas de tensão, resistência e rigidez que se acumularam sobre elas comecem a se dissolver, levando a uma redução da experiência global de sofrimento e aflição.

Na inspiração, o diafragma se estende e se achata para baixo do corpo, criando um espaço no peito para que os pulmões possam se expandir. Na expiração, o diafragma relaxa e sobe novamente, expandindo-se, fazendo com que os pulmões soltem o ar. Esse movimento do diafragma – para baixo na inalação e para cima na exalação – cria um movimento em toda a parte inferior do tronco. É por isso que, durante a respiração de forma ótima, sem inibir o movimento do diafragma, o abdome expande na inalação e relaxa de novo na exalação.

Quando o diafragma pode se mover livremente, ocorre uma agradável massagem suave e rítmica nos órgãos internos. A respiração corporal plena resultante estimula a oxigenação de todo o corpo, o que o ajuda a funcionar melhor e pode ter um efeito profundo no bem-estar e na saúde. Esse tipo de respiração completa é chamado de respiração diafragmática. Talvez você possa imaginá-la como uma onda que desce pelo corpo durante a inalação, expandindo o abdome e mexendo suavemente a coluna, para logo voltar a subir, fazendo com que o corpo relaxe durante a exalação.

## Maneiras habituais de inibir e reter a respiração

Frequentemente as pessoas que vivem com estresse desenvolvem hábitos respiratórios pouco benéficos para seu bem-estar geral. Se você está rechaçando sua experiência e tensionando diante da dor, sua respiração será inevitavelmente afetada. Por exemplo: você pode notar que seus ombros estão encolhidos e contraídos, que seu estômago está tenso, que você está respirando de forma curta e superficial ou que está prendendo a respiração. Todas essas formas de inibir a respiração natural levam a um aumento na sensação geral de aflição. O hábito mais comum é prender a respiração. Você pode perceber que está fazendo isso ao sentir dor ou aflição, por exemplo, ao executar um movimento que seja desconfortável. Tente observar sua respiração na próxima vez que mudar de postura (Farhi, 1998).

No corpo humano, os músculos respiratórios são divididos em dois grupos (Farhi, 1998): primários (essenciais para a respiração plena) e secundários. Os músculos primários estão na parte mais baixa do tórax (diafragma, intercostais, abdominais), fazem a maior parte do trabalho (75% do esforço) e, em geral, são grandes e fortes – movimentam-se mais de 22 mil vezes por dia. Os músculos secundários ficam na parte superior do tórax (escaleno, esternoclidomastóideo, trapézio e peitoral menor), atuam como auxiliares e desempenham um papel importante dando maior adaptabilidade à respiração (25% do esforço); são músculos pequenos e delicados e podem atuar por curtos períodos de tempo. Ao contrário dos músculos primários, eles se cansam rápida e facilmente. Em geral, quando estamos nervosos, ansiosos ou estressados, tendemos a tensionar a parte inferior do corpo e a respiração fica mais localizada na parte superior do tronco. É necessário estar consciente disso, pois é importante lembrar que os papéis desses dois grupos musculares nunca deveriam se inverter. É interessante observar como se manifesta no corpo a estabilidade de cada figura: qual parece a mais estável das duas? Você acha que essas duas maneiras de respirar podem ter um efeito no nosso estado mental e emocional?

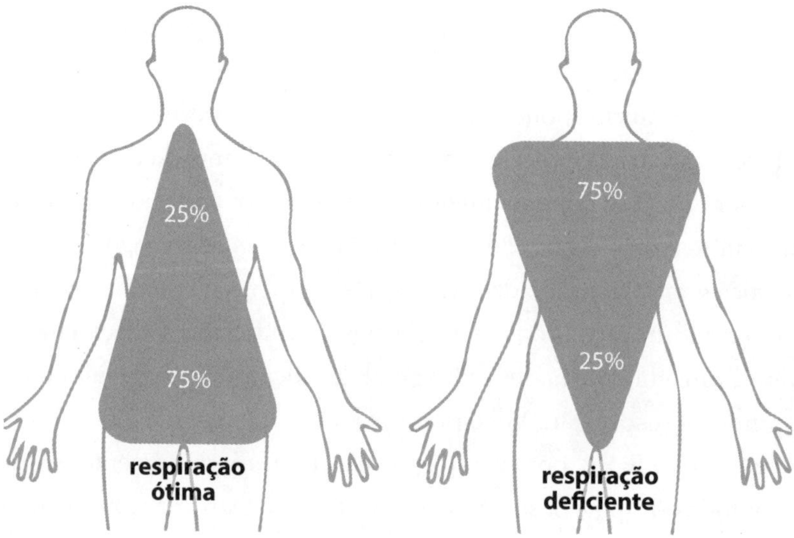


**Exploração 3:**
**Explorando a respiração**

**Primeira exploração**: Deite-se ou sente-se confortavelmente em uma cadeira. Feche os olhos e sintonize com a respiração sem alterá-la nem julgá-la. Coloque uma das mãos na parte do corpo que mais se move pela respiração. Enquanto você está aí tranquilamente, sinta como o corpo se move suavemente sob a sua mão.

Agora coloque a outra mão na parte do corpo onde você notar mais movimento depois da anterior. Mais uma vez, continue sentindo esses movimentos suaves sob as duas mãos. Observe se esta exploração lhe trouxe uma maior sensação de calma.

**Nota**: Se você perceber que o peito está se movendo mais do que o abdome, saiba que sua respiração está muito superficial.

**Segunda exploração**: Relaxe as mãos e coloque-as no abdome, logo abaixo da caixa torácica, com os dedos médios apenas se tocando. Inspire movendo o abdome de forma que seus dedos se separem. Conforme você expira, seus dedos voltam a se juntar. Não é necessário respirar rápida ou profundamente; basta respirar em um ritmo lento, agradável e constante. Essa exploração é uma ótima maneira de experimentar como é a respiração diafragmática e como você a sente no corpo. Ao fazer esta exploração, tente relaxar qualquer tensão que sentir no peito, na garganta ou no abdome.

**Terceira exploração**: Quando experimentamos estresse, respiramos superficial e rapidamente e apenas na parte alta do corpo. Isso piora o estresse. Um bom antídoto é prolongar a expiração.

Esta exploração pode ser feita em pé ou sentado em uma cadeira. Este exercício é uma técnica antiestresse muito boa. Você pode fazê-la no ônibus, enquanto caminha, em uma fila ou enquanto prepara o jantar.

Tome consciência de sua respiração tal como ela está agora, observe-a em seu corpo. Continue inalando normalmente e depois comece a soltar o ar pelos lábios como se estivesse soprando através de um canudo de refrigerante. Não é necessário inspirar ar extra durante a inalação para fazer isso. Apenas prolongue a expiração tanto quanto puder, sem forçar. Vamos repetir cinco ou seis vezes.

Você pode fazer isso contando até três durante a inspiração e, em seguida, contando até quatro ou cinco durante a expiração. Experimente até encontrar um ritmo de contagem que funcione para você.

Prolongar a expiração faz com que os pulmões se esvaziem do ar viciado. Isso ajuda a inalação a ser mais completa depois.

Pratique esta exploração várias vezes ao longo do dia, especialmente se perceber que está tenso. Concentrar a atenção no prolongamento da exalação pode ajudá-lo a relaxar e a liberar os pontos do corpo que geralmente tendem a acumular tensão ou a contrair-se. Além disso, pode praticar à noite deitado na cama antes de dormir. Compare como se sente agora com como se sentia antes de iniciar a sessão.

*Basta.*
*Estas poucas palavras bastam.*
*Se não estas palavras, esta respiração.*
*Se não esta respiração, este estar sentado aqui.*
*Este abrir-se para a vida*
*que temos recusado*
*de novo e de novo*
*até agora.*
*Até agora.*
David Whyte

## A respiração e a biologia do amor

Prolongar a respiração é uma ferramenta que nos ajuda a trabalhar diretamente com nossas emoções de forma simples e prática.

Ao intencionalmente tornarmos a respiração mais lenta, suavizamos naturalmente a atividade do sistema nervoso simpático (o sistema de luta e fuga, excitação e ativação). Simultaneamente, o sistema nervoso parassimpático é ativado (homeostase, recuperação, digestão e relaxamento) e, portanto, há um aumento do tônus vagal.

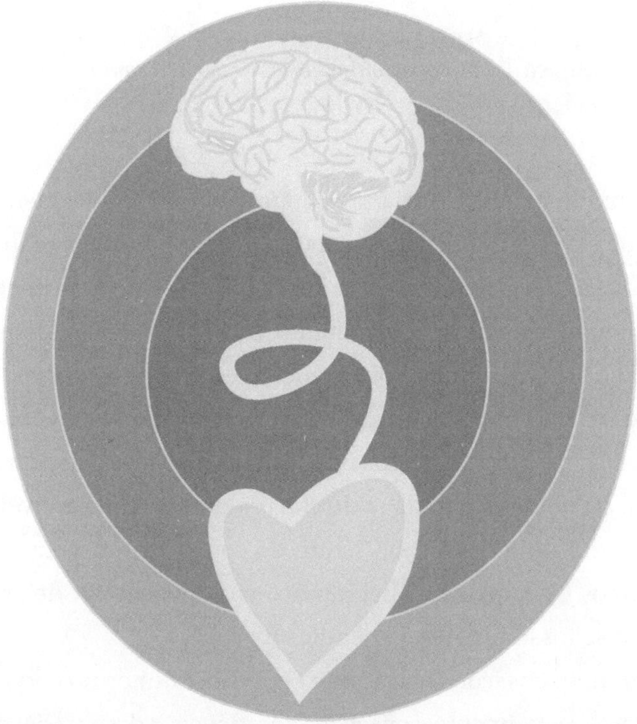

De acordo com a pesquisadora Barbara Fredrickson (Fredrickson, 2015), "o canal-chave, chamado nervo vago, liga o cérebro ao corpo. Emerge do tronco encefálico no fundo do crânio e, embora faça múltiplas escalas em diversos órgãos internos, talvez o mais significativo seja o que liga o cérebro ao coração". O nervo vago junto com o cérebro e a ocitocina constituem o que esta autora chama de "biologia do amor".

Voltando ao efeito da respiração lenta sobre o tônus vagal, há um relacionamento direto entre o tônus vagal e as emoções positivas: quando um aumenta, estimula o aumento do outro, o que por sua vez melhora a saúde.

Esse efeito também ocorre naturalmente durante a prática da meditação, ocasião em que é comum a frequência respiratória e a cardíaca diminuírem.

## ATENÇÃO CONSCIENTE E A REGULAÇÃO DAS EMOÇÕES

*Aquele que é consciente da raiva não fica com raiva.*

M. Ricard

É muito frequente associar a palavra "atenção" com a mente, ou seja, pensar que ela ocorre apenas na cabeça. Embora este seja realmente um aspecto de mindfulness (no próximo capítulo vamos aprender como prestar atenção aos nossos pensamentos), as aparências podem enganar. O tema da primeira semana foi a atenção consciente ao corpo, e começamos por esse aspecto porque muitos de nós tendemos a "viver na cabeça", ou seja, pensamos muito, analisamos e julgamos. Essa atividade mental nos afasta da nossa experiência direta, realmente como a vivemos e por isso é importante sermos conscientes do corpo, experimentando nele o que sentimos fisicamente e "habitando" o corpo, em vez de experimentá-lo como se fosse um mero apêndice da cabeça.

Além das sensações físicas que experimentamos no corpo – calor e frio, tensão e relaxamento, sensações agradáveis e desagradáveis –, também temos o que poderíamos chamar de "sensações internas": emoções, estados de humor, impulsos. Algumas são agradáveis e outras desagradáveis (algumas estão entre os dois). A prática de mindfulness inclui tomar mais consciência de todas essas emoções, tanto agradáveis, quanto desagradáveis e intermediárias: assim, experienciar com plenitude, sem necessariamente agir como consequência. Isso é o que se conhece como "regulação emocional".

Pelo fato de muitas vezes não sermos conscientes das nossas emoções, um aspecto importante de mindfulness é nos abrirmos para a nossa experiência, seja ela qual for, mesmo desagradável. Embora isso represente entrar mais plenamente na experiência, as qualidades de aceitação e de criação de espaço caracterizam mindfulness. Além disso, quer dizer que somos menos propensos a nos sentirmos dominados por essas emoções. Ou seja, que podemos experimentá-las sem necessariamente agir em consequência. É possível, por exemplo, que você se sinta muito zangado com algo que um colega de trabalho ou um familiar fez, e queira expressar a ele a sua raiva. No entanto, também é possível que você esteja consciente de que expressar a sua raiva pode não ser a melhor maneira de enfrentar a situação; na realidade, muito provavelmente pioraria as coisas. Um aspecto da prática de mindfulness é ser capaz de experimentar emoções difíceis como essa sem ter de agir de acordo.

À medida que praticamos, descobrimos algo importante: que temos escolhas na hora de responder às nossas emoções e que não precisamos reagir toda vez que "colocam o dedo na nossa ferida". Em vez de reagir como sempre fazemos, com reações habituais que talvez tenhamos tido por anos (senão por toda a vida), podemos descobrir que é possível responder com consciência, senso de escolha e liberdade.

## O QUE É MEDITAÇÃO?

Meditação é um treinamento da mente e do coração que leva a uma maior liberdade mental e emocional. Associa-se muitas vezes às tradições espirituais mais importantes, especialmente o budismo, e ultimamente foi adaptada no Ocidente a contextos seculares, incluindo assistência de saúde.

As técnicas de meditação que ensinamos em RespiraVida BreathWorks têm uma estrutura simples e qualquer pessoa pode praticá-las, independentemente de ser ou não religioso ou do estado de saúde física. Não implicam "controlar a mente" ou gerar visualizações complicadas. É simplesmente um treinamento para tornar a pessoa mais consciente da experiência no momento em que acontece, com uma atitude amável, calorosa e de interesse. Isso permite uma sensação de poder escolher, o que pode libertá-la de se sentir vítima dos impulsos e hábitos. Essas práticas podem ser feitas na posição sentada ou deitada e em quase qualquer ambiente, inclusive em um hospital.

As práticas que ensinamos têm aspectos que chamamos de "parar" e de "ver". "Parar" implica uma consciência focada (*samatha*), que acalma a mente e presta atenção em uma coisa de cada vez. "Ver" implica uma consciência aberta (*vipassana*, ou *insigth meditation*), que traz uma compreensão da natureza da experiência em si, permitindo se relacionar com a vida de uma perspectiva mais fluida, ampla e estável. Os dois aspectos são importantes. O primeiro é como olhar de perto os detalhes de uma flor com o zoom de uma câmera, apreciando com atenção amorosa a beleza de cada um deles. O segundo é como expandir a perspectiva com uma lente grande angular, até ver a mesma flor dentro de uma paisagem, o que significa ver os detalhes da experiência dentro de uma perspectiva mais ampla.

A partir do capítulo da Semana 4, será introduzido outro conjunto de práticas, que se combinam e integram com as anteriores. Denominam-se práticas generativas ou construtivas, as quais não têm a ver com prestar atenção de um modo determinado à experiência particular do momento presente, mas consistem em gerar estados emocionais específicos que, segundo se acredita, são aspectos fundamentais do bem-estar psicológico, assim como aspectos constitutivos da dimensão ética da vida humana. Essas práticas estão representadas na tradição budista pelo que se chama de as Quatro *Brahmaviharas* – as Quatro Qualidades Sublimes: a bondade amorosa, ou amabilidade (na língua páli, *metta*/ em inglês *loving kindness*), a compaixão (*karuna* / *compassion*), a alegria empática (*mudita* / *empathetic joy*) e a equanimidade (*upekkha* / *equanimity*).

O professor budista Sangharakshita, em seu livro *Living with Kindness* (Sangharakshita, 2014), chama essas qualidades de "motivações ou emoções eticamente hábeis" para enfatizar precisamente que seu cultivo ou desenvolvimento supõe uma escolha consciente e alinhada com nossos valores éticos.

Por outro lado, é sempre apropriado lembrar que essas qualidades universais são bidimensionais, o que significa que é tão importante cultivá-las para *si mesmo* como para *os outros*.

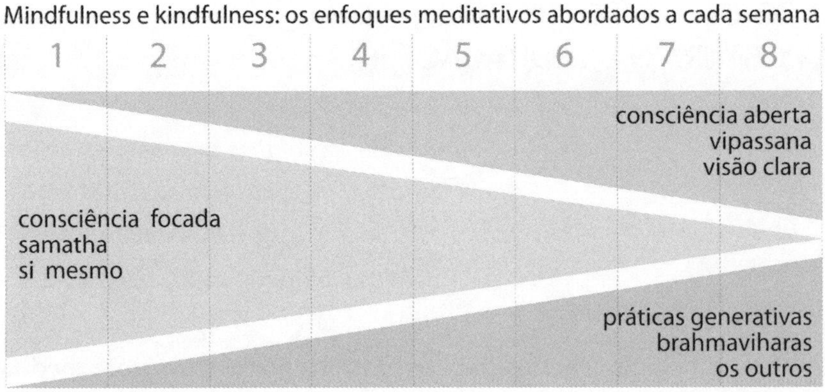


O treinamento de todas essas práticas tem um grande potencial de propiciar estabilidade emocional, permitindo que você experimente emoções intensas plenamente, mantendo-as em um enfoque mais amplo, o que por sua vez facilita a resiliência, a inteligência e a regulação emocional. Claro que a maioria das pessoas tem dificuldade em fazer isso, especialmente em momentos de muito estresse. Meditar regularmente usando os métodos que ensinamos neste livro pode criar uma confiança profunda, força e empatia tanto dentro de cada sessão de meditação quanto em sua vida em geral.

Em suma, treinar a mente e o coração dessa maneira nos permite aumentar a faixa de intensidade de nossa janela de tolerância emocional, a qual somos capazes de experimentar sem "transbordar" ou nos desconectar.

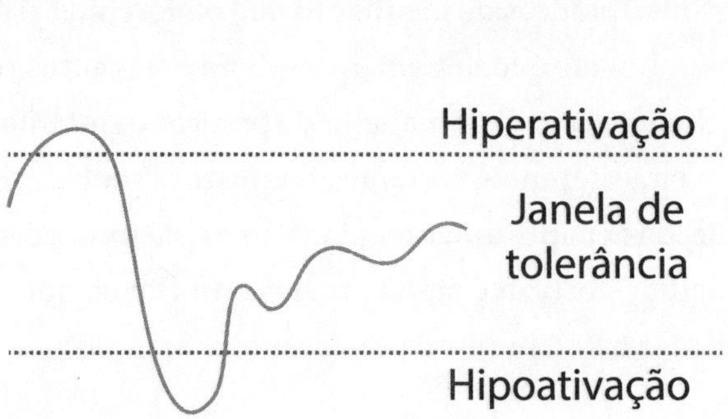

## O CORPO COMO UMA MONTANHA: A POSTURA NA MEDITAÇÃO

*O corpo como uma montanha;*
*o coração como o oceano;*
*a mente como o céu.*
INSTRUÇÕES DE MEDITAÇÃO ZEN

Os principais critérios para encontrar uma postura para meditar são que o corpo seja submetido ao menor esforço muscular possível e que a postura promova um estado mental de alerta mais relaxado. Tendo isso em mente, não há nenhuma restrição quanto à postura que você considera adequada. Se você tem uma condição física ou dor crônica, é importante se adaptar de forma criativa: ser sensível ao seu corpo e tentar encontrar uma postura que seja propícia à meditação. Lembre-se de que o que é mais adequado para você pode mudar dependendo de sua condição física ou dor. Para alguns pode ser deitado, para outros sentado em uma cadeira, outros se sentirão confortáveis sentados de joelhos no chão. Às vezes, pode ser necessário mudar a postura durante uma sessão de meditação, especialmente se você tiver uma condição que requeira movimentos com regularidade. Mas, se você se mover, tente incluir isso na sua meditação e mova-se o mais atenta e tranquilamente possível.

Das distintas práticas de meditação que oferecemos, o escaneamento corporal geralmente é feito deitado, embora haja outras opções.

Provavelmente, a melhor maneira de praticar o restante das práticas meditativas é em diferentes variantes da postura sentada, embora possam ser praticadas em postura deitada. Não existe uma postura que seja melhor. A melhor postura é aquela mais confortável, que exige menos esforço muscular e que permite prestar maior atenção.

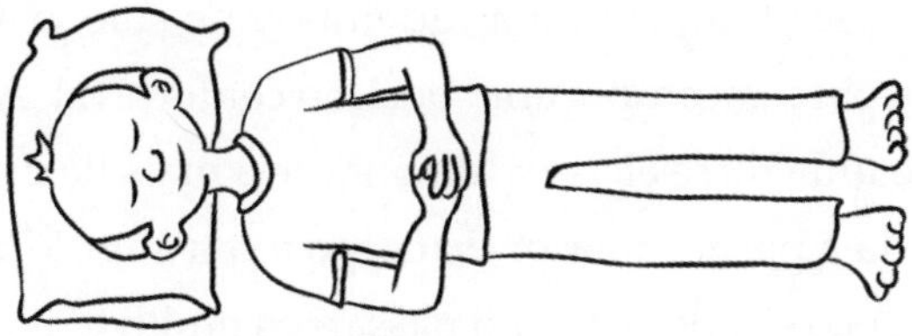

Postura recostada ou deitada.

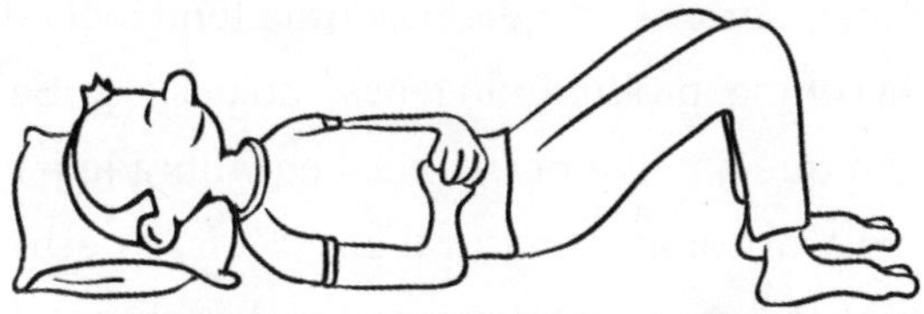

Deitado com os pés sobre o solo
(nesta postura é mais fácil adormecer).

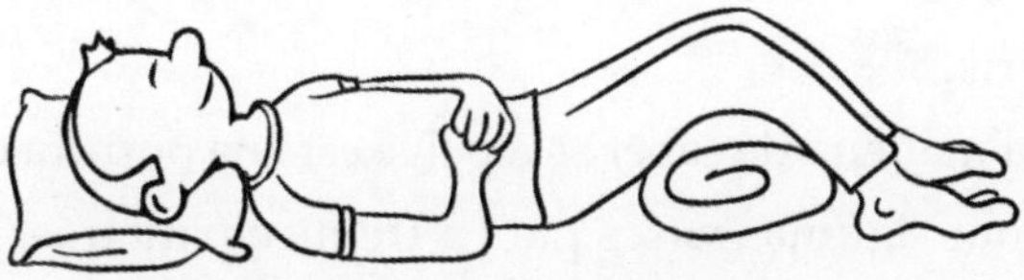

Em caso de problemas lombares,
é adequado pôr uma almofada embaixo dos joelhos.

Com pouca altura
pode haver
compressão na nuca.

Com muita altura a
nuca pode comprimir
a garganta.

Cabeça com altura
que facilita uma
posição neutra.

### Postura sentada equilibrando a pelve

Esteja você sentado em uma cadeira ou no solo, o ângulo de sua pelve é a chave para encontrar uma posição confortável. A pelve é como a base larga de uma torre elétrica, embora seja mais flexível e maleável. Ela suporta toda a parte superior do corpo e seu ângulo afeta o ângulo da coluna, pescoço e cabeça. Como passamos muito tempo sentados ou em frente de uma mesa, é comum notar que nossa pelve se encontre girada para trás. Os resultados são achatamento da lordose na parte inferior da coluna, ombros arqueados e uma tendência da cabeça de ir para a frente da coluna, produzindo tensão no pescoço. Se encontrarmos uma posição em que a pelve permaneça equilibrada e ereta, a coluna seguirá sua curvatura suave e natural em "S". Isso permite que a cabeça descanse suavemente na parte superior da coluna e que o pescoço se alongue e relaxe com o queixo ligeiramente para dentro. Uma pelve equilibrada também permite que as pernas fiquem soltas em direção ao solo e produz a menor tensão possível nos grandes músculos das coxas e quadris.

Uma boa maneira de saber se a pelve está na postura correta é incliná-la levemente algumas vezes para a frente e para trás, procurando o ponto médio onde ela descanse e esteja equilibrada. Enquanto estiver sentado, você pode tentar colocar as mãos sob os músculos das nádegas, procurando os ísquios – ponta dos ossos no interior das nádegas que recebem o peso do corpo quando sentado ereto. Se a pelve estiver equilibrada, a maior parte do peso passa diretamente por esses ossos, não pela parte carnosa de trás das nádegas ou pelo púbis, na região frontal. É comum que, ao procurar uma posição em que a pelve fique naturalmente equilibrada, seja necessário ajustar a altura do assento. Uma opção que ajuda a manter a posição ereta é repousar levemente as mãos no colo, talvez colocando uma almofada embaixo delas e assim elevando um pouco a sua altura. Isso permite que os ombros permaneçam amplos e abertos e que não sejam puxados para baixo e para a frente pelo peso das mãos à medida que a meditação avança.

### Sentado em uma cadeira

Se você decidir se sentar em uma cadeira, a melhor escolha é uma de espaldar reto, como as cadeiras de sala de jantar. Se você se sentar em uma poltrona, seu corpo tenderá a se curvar, o que provavelmente o deixará com sono. Além disso, fechar os ombros comprime a área do peito, o que provavelmente fará você se sentir emocionalmente pesado. Portanto, uma cadeira de encosto reto ajudará a coluna a seguir suas curvaturas naturais, criando uma sensação de abertura no peito que desencadeia um estado de alerta e positividade emocional.

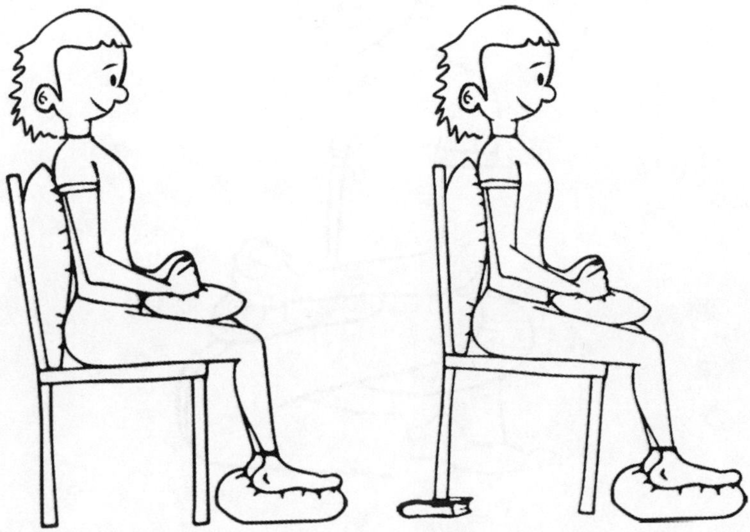

Certifique-se de que seus pés estejam bem apoiados no chão. Se suas pernas estiverem penduradas, coloque uma almofada ou travesseiro sob os pés de forma que eles fiquem em contato firme e estável com o solo. Para ajudá-lo a equilibrar a pelve, você pode colocar um livro debaixo das pernas traseiras da cadeira, e sua postura se projetará mais ereta e alinhada.

## Sentado de joelhos sobre o solo

Algumas pessoas com problemas nas costas descobrem que podem ficar mais confortáveis sentadas de joelhos no chão do que sentadas em uma cadeira. Quando as coxas estão em um ângulo menor que 90°, o que é produzido ao se sentar em uma cadeira, geralmente é mais fácil ajustar a pelve de forma que ela fique equilibrada e ereta.

Sentar-se dessa maneira traz mais dificuldade para os joelhos e tornozelos, por isso você terá de encontrar a posição como melhor se adapta.

Para isso, é importante encontrar a altura correta do assento. Se estiver muito alto, sua pelve tenderá a girar para a frente, arqueando demais a parte inferior das costas; se estiver muito baixo, a pelve vai girar para trás, curvando as costas e os ombros. Ambos os extremos nos levam a uma postura de pouco auxílio, que produz dores nas costas e no pescoço, bem como uma sensação geral de tensão. É por isso que prestar atenção à altura do assento é muito importante.

Com pouca altura pode haver compressão na nuca.

Com muita altura a nuca pode comprimir a garganta.

Se nessa postura você sentir tensão nos tornozelos, pode tentar apoiá-los em meias enroladas ou algo semelhante, de modo a liberar a tensão da articulação do tornozelo. Improvise um pouco com o que tiver em mãos e veja se consegue chegar a uma posição confortável.

### Sentado com as pernas cruzadas

Uma última opção é sentar-se no chão com as pernas cruzadas, mas como isso requer muita flexibilidade nos quadris, essa postura provavelmente não será adequada para pessoas com alguma condição física ou dor crônica. Portanto, a menos que você seja muito flexível, sugerimos a postura sentada em uma cadeira ou de joelhos sobre o solo como as duas posições de meditação mais recomendadas.

**Diferentes opções para cruzar as pernas**

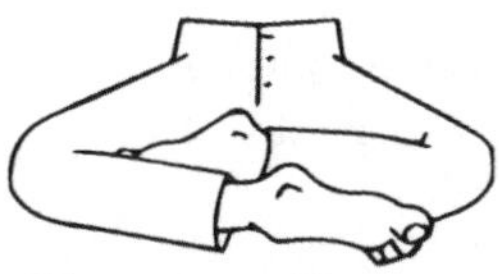

Uma perna diante da outra.

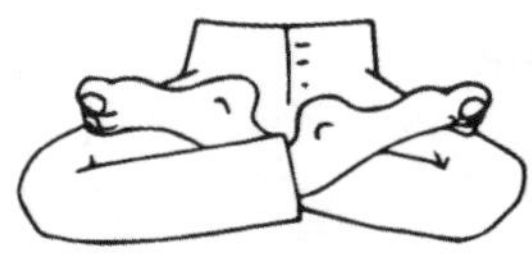

Pernas em postura de lótus.

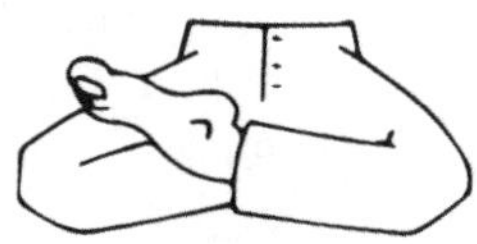

Uma perna sobre a coxa.

## Meditação 2a: Mindfulness da respiração

Nos áudios que acompanham este livro você encontrará uma versão breve (2b) desta mesma meditação.

A meditação é em si uma prática do modo ser. É simplesmente prestar muita atenção à experiência tal como ela se apresenta, sem tentar entrar em um estado particular ou mudar o que está acontecendo. Na meditação Mindfulness da respiração, prestamos atenção às sensações da respiração no corpo. Não tentamos respirar de alguma maneira específica; apenas sentimos e observamos a respiração tal como ela ocorre em seu estado natural.

Enquanto a meditação do escaneamento corporal geralmente é feita na postura deitada, é melhor você realizar a atividade Mindfulness da respiração sentado com a coluna ereta. Como durante a prática você ficará sentado por cerca de dez minutos, é importante encontrar uma postura que possa manter confortavelmente por todo esse tempo.

> Sente-se em uma postura confortável e ereta. Dedique algum tempo para tomar consciência do seu corpo; as sensações de contato com a cadeira ou a almofada no chão ... sinta esse contato ...
>
> Você pode sentir as roupas descansando sobre a pele? ... A temperatura do ar? ...
>
> Note todas as sensações e permita que sejam como são, que sejam agradáveis ou desagradáveis, ou em algum ponto intermediário ...
>
> Repouse sua atenção nas sensações da respiração ... o peito expandindo e contraindo ... a barriga subindo e descendo ... o abdome ...
>
> Toda vez que sua mente divagar, assim que você perceber, traga-a de volta à sua respiração, suave e pacientemente ...
>
> Agora preste atenção às costas ... as costas também se movem enquanto respiramos, embora com movimentos bastante sutis ... Se você estiver sentado com as costas apoiadas, talvez no encosto de uma cadeira, poderá observar como a sensação de contato muda à medida que você inspira e expira ... Fique aí por um tempo com o movimento das costas ...
>
> O que você nota nos ombros? ... Pode sentir algum movimento aí? ...
>
> Agora amplie sua atenção, esteja consciente de todo o seu torso movendo-se suavemente com a respiração ...
>
> Agora leve sua atenção ao lugar onde você sente que o ar faz contato e entra em seu corpo primeiramente ... Se você está

respirando pelo nariz, talvez seja na ponta do nariz, no lábio superior ou também dentro das narinas ... Se você está respirando pela boca, pode ser nos lábios, língua ou palato ...

Essas sensações são muito sutis e é possível que você não as sinta no início. No entanto, se continuar prestando atenção, começará a senti-las ... Deixe que sua atenção seja leve e sutil, como uma borboleta pousando em uma flor ...

Agora amplie sua atenção mais uma vez para incluir todo o corpo. Fique sentado por alguns instantes, soltando todo o esforço ...

Abra os olhos e comece a se mover. Veja se consegue manter essa consciência da respiração ao longo do dia.

**Sua experiência**

Escreva o que notou ao fazer essa meditação.

**Sensações físicas:**

**Pensamentos:**

**Sentimentos:**

## OBSTÁCULOS QUE PODEM SURGIR DURANTE A PRÁTICA

Após ter praticado mindfulness por algumas semanas (ou talvez tentado praticar, ou mesmo perceber que não está praticando), você pode ter encontrado alguns obstáculos na execução. Pode até achar que é mais difícil do que esperava. Não se preocupe; isso é muito normal. A maioria das pessoas acha difícil estabelecer uma prática diária e se lembrar de estar atento na sua vida cotidiana.

Algumas dificuldades comuns são:

- Não se sentir muito bem durante a meditação – talvez por causa de tédio, irritação, ansiedade, estresse, dúvidas...
- Sentir-se frustrado porque a meditação não faz você se sentir melhor.
- Não conseguir encontrar o momento adequado para meditar.
- As pessoas da sua casa não lhe permitem espaço para meditar.
- Pensar que você não faz corretamente.
- A sua mente vagar demasiadamente.
- "Trabalhar" nisso, "fazer" em vez de "ser".
- Sentir que está perdendo tempo.
- Tentar "chegar a algum lugar", em vez de simplesmente notar as coisas como são, e daí se sentir frustrado por não chegar a lugar algum!

O mais importante é apenas praticar, perceber seus pensamentos, sentimentos e julgamentos sobre a prática, mas sem levá-los muito a sério. Lembre-se de que a efetividade deste curso, para ajudá-lo a manejar e reduzir o estresse, funcionará se você fizer as práticas que propomos. Agora é muito cedo para julgar se elas funcionam para você ou não; você pode fazer isso no fim do curso. Jon Kabat-Zinn, o primeiro a iniciar os programas psicoeducativos e seculares de mindfulness, diz: "Você não precisa gostar; apenas precisa fazer".

Se aqueles que moram com você não permitem o tempo e o silêncio necessários para meditar, você pode considerar falar com eles, pedindo sua cooperação apenas durante as oito semanas que dura o curso.

Se você descobrir que não está fazendo as práticas, apesar de querer fazê-las, tome cuidado para não se julgar com severidade. Lembre-se de que um aspecto importante de mindfulness é "não julgar". Basta apenas perceber e desenvolver um senso de curiosidade em relação ao seu não praticar: "Que curioso! Todos os dias tento praticar, mas percebo que não estou fazendo". Traga a atenção para a sua não prática, ou para a sua relutância em praticar, e faça disso a sua prática.

## TAREFAS PARA A SEMANA 2

### Meditação

Convidamos você a praticar o escaneamento corporal 1a ou 1b (1b em áudio) e a meditação Mindfulness da respiração 2a ou 2b (2b em áudio). Você pode alternar essas meditações, um dia uma, outro dia a outra, ou uma de manhã e outra à tarde.

Áudios no seguinte endereço:

https://respiravidabreathworks.com.br/recursos/livro-kindfulness-stress/

No caso do escaneamento corporal, experimente de quais maneiras pode utilizar a respiração para explorar seu corpo e soltar a tensão.

| DURANTE A INALAÇÃO: | DURANTE A EXALAÇÃO |
|---|---|
| Durante a inalação, dirija a atenção consciente (como se fosse uma luz) a determinada parte do corpo, e respire ali por um momento, notando a natureza mutável das sensações presentes. | Ao expirar, traga a intenção consciente de permitir que a experiência seja como é, e de soltar talvez a tensão muscular, os julgamentos, etc., relacionados com essa parte do corpo (vamos desenvolver o aspecto da compaixão mais adiante). |

**Exploração da respiração**

Aproveite qualquer oportunidade do seu dia a dia para vivenciar como está a sua respiração em dado momento. Também o convidamos a experimentar alguns dos exercícios, como prolongar a expiração, durante um momento estressante ou difícil.

**Mindfulness em ação 2**: Diminua a velocidade.

**Caminhada com atenção consciente**: Faça ao menos durante cinco dias. Utilize um trajeto que você já faz diariamente e observe o seu corpo, as sensações físicas e o movimento, trazendo uma curiosidade amável e investigativa sobre a sua experiência. Note especialmente a respiração e a integração ao movimento do corpo. Você também pode notar qual é a sua experiência primária ao caminhar: você está no modo fazer (só quer atingir a meta e completar a tarefa o mais rápido possível) ou está no modo ser (permitindo-se sentir plenamente, notando qualquer coisa que faça parte da sua experiência)?

# SEMANA 3

# TRABALHANDO COM OS PENSAMENTOS

*Não olhes para trás, meu amigo.*
*Ninguém sabe como começou o mundo.*
*Não tenhas medo do futuro, nada dura para sempre.*
*Se vives no passado ou no futuro,*
*Perderás este momento.*
RUMI

## VOCÊ NÃO PRECISA ACREDITAR EM TUDO O QUE PENSA

Logo que começam a praticar mindfulness, uma das primeiras coisas que as pessoas notam é a quantidade de pensamentos que acompanham tudo o que fazem. Dão-se conta de que, aparentemente, a mente nunca para de pensar, e algumas chegam a supor que a prática de mindfulness ou meditação está fazendo com que pensem mais do que antes. Na verdade, isso é muito improvável. É mais provável que estivessem pensando o tempo todo, mas a diferença é que agora elas percebem isso. Embora estejamos pensando constantemente, de modo geral só notamos isso uma vez ou outra, como se fosse o barulho de uma máquina de lavar, que está lá como ruído de fundo, mas que se torna perceptível quando fica mais forte na hora de centrifugar.

Um erro muito comum sobre a meditação é achar que se trata de tentar "deixar a mente em branco" ou "esvaziar a mente". Trata-se de uma missão impossível (convido você a experimentá-lo agora por alguns minutos) e tampouco é o objetivo da meditação. Não tentamos rechaçar os pensamentos, nem tentamos nos blindar de alguma forma diante deles para acalmar a mente. Simplesmente tentamos estar conscientes de qualquer coisa que ocorra no momento presente, inclusive os pensamentos. Procuramos abrir espaço para eles, observando-os como pensamentos e deixando-os fluir.

### Observar o conteúdo da mente sem se identificar com os eventos mentais

Na prática da atenção consciente, tentamos observar nossos pensamentos em vez de nos identificarmos com eles. Geralmente, quando surge um pensamento, acreditamos no que ele está nos dizendo "literalmente", e então vemos o mundo pela óptica desse pensamento. Por exemplo, pode acontecer que durante o escaneamento corporal você pense: "Não consigo; é melhor deixar de lado". Se você não tiver cuidado, acreditará no que esse pensamento lhe diz e desistirá, mas, se tiver mindfulness suficiente para perceber que não é mais do que um pensamento, pode deixar que ele venha e continuar com o escaneamento. É importante lembrar que *os pensamentos não são fatos, mesmo quando dizem que são.* Claro que nem tudo o que pensamos é mentira; mas também não é verdade tudo o que pensamos, ou nem tudo é útil, e mindfulness nos ajuda a notar os pensamentos sem forçadamente interpretá-los ao pé da letra, sem comprar a ideia.

A possibilidade de notar os pensamentos sem acreditar neles se torna mais ou menos difícil dependendo do tipo de pensamento. Alguns pensamentos são muito banais e, portanto, não vêm com uma forte carga emocional; por exemplo: "O que vou comer hoje?". É fácil perceber um pensamento como esse e depois soltá-lo. Existem outros pensamentos que, embora ainda sejam bastante insignificantes, parecem mais urgentes, por exemplo: "Já faz muito tempo que não falo com a Belinha. Devo ligar para ela agora". Às vezes é muito difícil resistir a ligar para a Belinha agora, mesmo que tenhamos decidido meditar por meia hora. Temos a tendência de comprar a ideia de pensamentos como esse como se fossem fatos – "Eu tenho de ligar para a Belinha agora" – quando na realidade poderíamos ligar para ela em outra hora. Alguns pensamentos vêm com uma forte carga emocional e pode ser muito difícil simplesmente observá-los como tais. Pode ser um pensamento como: "O que meu chefe me disse ontem foi injusto; preciso deixar as coisas muito claras para ele".

**Exercício com os pensamentos**

Sente-se em um lugar tranquilo, com o caderno e uma caneta, e realize o seguinte exercício:

Anote todos os pensamentos que perceber, inclusive pensamentos como "Não estou pensando em nada".

Agora feche os olhos. Observe qualquer pensamento que surgir e, quando o notar, etiquete-o com a palavra "PENSAMENTO".

## ESCUTANDO OS SONS COM ATENÇÃO CONSCIENTE

Uma maneira de praticar a percepção dos pensamentos e o desapego deles é escutar os sons. A maioria dos sons é produzida independentemente de nós, pois não temos controle sobre eles: aviões, trânsito, gente falando, rádio de um vizinho, cortador de grama, uma furadeira na rua. Seria inútil tentar evitar que os sons ocorressem; isso nos levaria à frustração. Da mesma forma, não podemos evitar que os pensamentos surjam na mente. O que podemos fazer é observá-los ir e vir, ou talvez deixá-los ficar por um tempo, como os sons.

## Meditação 3: Exercício escutando os sons

Esta meditação funciona melhor se você estiver em um lugar onde haja alguns sons, caso contrário, seria uma prática diferente: escutando o silêncio! Embora seja uma prática adorável em si mesma, não nos ajudaria a praticar a observação e o deixar ir. Se você tem tinnitus, ou sensação de zumbido nos ouvidos, talvez prefira tentar esta prática no contexto do capítulo da Semana 4: Trabalhando com experiências difíceis.

Feche os olhos e escute ... não precisa fazer nenhum esforço especial; apenas escute os sons que estão acontecendo neste momento: pessoas que passam caminhando, carros acelerando, o rádio de um vizinho, o zumbido de um eletrodoméstico ...

Permita que os sons cheguem até você sem se esforçar para ouvir ou tampouco tentar silenciar qualquer ruído que você não deseje ... apenas deixe todos os sons estarem presentes, do jeito que estão, alguns talvez indo e vindo, outros talvez constantes ...

Você pode descobrir que fica um pouco preso a alguns sons: "Quem está falando?", "Que barulho é esse?", "Por que meus vizinhos têm de tocar essa música tão alta?". Está bem, apenas note e deixe ir o melhor que puder ...

Se ouvir algo de que não gosta, pode sentir sua resistência a isso, seu "não querer estar aí"? ...

Ou talvez você escute um som agradável, como o canto de um pássaro ou uma canção no rádio. Você pode sentir sua atração por ele, o desejo de se concentrar apenas neste som? ...

Você pode soltar esse querer e não querer e ser apenas um observador imparcial, simplesmente permitindo que quaisquer sons que surjam estejam aí? ...

Faça isso durante três minutos mais ou menos.

**Sua experiência**

Escreva sobre sua experiência ao escutar os sons. Talvez queira considerar alguma das seguintes perguntas:

**O que escutou?**

**Pôde notar alguns sons e deixá-los ir?**

**Houve algum som que o cativou?**

**Quis que algum som cessasse?**

## GERENCIANDO OS PENSAMENTOS COM MINDFULNESS

Não é fácil ver os pensamentos como eventos mentais e deixá-los ir; isso requer alguma prática. Se você nunca praticou a atenção plena antes, o mais provável é não notar quando os pensamentos vêm à mente, só se dando conta disso um pouco mais tarde. Nesse caso, a prática inicial será reconhecer que você ficou preso a um pensamento e soltá-lo. A maneira de aprender a fazer isso é assim: primeiro você percebe só depois que acontece; depois, durante a situação e; por fim, logo que o pensamento vem à mente.

Vamos lá.

## Meditação 4: Mindfulness – trabalhando com os pensamentos

Adote uma postura confortável e feche os olhos. Percorra brevemente todo o seu corpo, percebendo e sentindo todas as sensações presentes ...

Agora dirija sua atenção para a respiração, sentindo o movimento do corpo enquanto inspira e expira ...

Você pode notar quando um pensamento surge? Pode soltá-lo e voltar à respiração? ...

Talvez você só se dê conta de que o pensamento surgiu quando já estiver "dentro" dele. Se for assim, veja somente se consegue deixá-lo ir e voltar à respiração ...

Permaneça com as sensações da respiração e veja se consegue perceber quando surge na mente o pensamento seguinte ...

É fácil soltar o pensamento depois que ele surge? Se não é, discutiremos isso no próximo capítulo ... Por ora, continue notando os pensamentos e deixando-os ir o melhor que puder ...

*Com o que contatamos, sentimos. O que sentimos, percebemos.*
*O que percebemos, o que pensamos, proliferamos. O que proliferamos,*
*habitamos. O que habitamos se converte na forma da nossa mente.*
*A forma da nossa mente se converte na forma do nosso mundo.*
*Maddupindika Sutta*, Majjhima Nikaya (MN18)

### Sua experiência

Escreva sobre sua experiência ao fazer essa prática. Talvez queira considerar alguma das seguintes perguntas:

**Você notou os pensamentos surgindo?**

**Você pôde deixá-los ir?**

**Houve pensamentos que o afastaram da respiração?**

**Você percebeu que foi pego por um pensamento e logo voltou à respiração?**

**Houve pensamentos que você não conseguia deixar ir ou que sempre voltavam?**

### O valor do pensamento dirigido

*Sempre há informação disponível para nós:*
*onde será encontrada a sabedoria?*
HAROLD BLOOM

Talvez ao ler este capítulo do livro você tenha tido a impressão de que estamos dizendo que pensar não é bom, ou ao menos de que não vale a pena – "Não faça mais do que observar seus pensamentos e deixá-los ir!". Mas na realidade não é assim. Pensar pode ser de um valor imenso se feito com plena consciência e de forma dirigida, construtiva e até mesmo criativa.

Tudo o que dissemos anteriormente tem a ver com aqueles pensamentos soltos, aleatórios, distraídos e semiconscientes que surgem por si mesmos na mente a maioria do tempo. Quando nos deixamos levar por pensamentos desse tipo, pode-se dizer que não pensamos, mas que somos pensados pelo pensamento – assim, ao contrário!

Às vezes, pode ser valioso pensar sobre algo cuidadosamente, chegar a uma conclusão se possível, ou pelo menos perceber que uma conclusão ainda não surgiu. Por exemplo, temos de tomar uma decisão que envolva pensar sobre as possíveis consequências de agir de determinada maneira, assim como "Devo me mudar para outra casa?". À medida que tentamos pensar nisso, é provável que tomemos consciência de pensamentos soltos e aleatórios que nos desviam do nosso propósito. Nesse caso, o foco seriam os pensamentos conectados à possibilidade de nos mudarmos, e os demais pensamentos, os "intrusos", podemos tratá-los como recomendamos acima, ou seja, apenas percebendo-os e liberando-os.

É melhor realizar o pensamento direcionado fora da prática formal de meditação. A meditação tem como outros enfoques o corpo, a respiração, etc., e, se usarmos nosso tempo de meditação para resolver problemas, nunca conseguiremos desfrutar de paz e tranquilidade. Por outro lado, se aprendermos a acalmar e centrar a atenção na meditação, colocando a atenção no corpo e na respiração, é provável que descubramos como consequência que nossos pensamentos se tornam cada vez mais claros e nítidos durante o dia.

Para aprofundar no tema da reflexão meditativa, recomendamos a leitura do livro: *El Arte de la Reflexión. Mindfulness y Sabiduría* (Hennessey, 2017).

## MINDFUL MOVEMENTS – MOVIMENTOS CONSCIENTES

*Tua presença mais profunda*
*Está no abrir e fechar de tuas mãos,*
*Dos movimentos harmoniosamente equilibrados e coordenados*
*Como as asas de um pássaro.*
Rumi

As meditações que praticamos até aqui foram feitas em posição estática: deitados ou sentados. Agora vamos apresentar uma meditação em movimento. Consiste em uma série de movimentos em pé (alguns deles podem ser adaptados para serem realizados sentados em uma cadeira). Sua intenção é apoiar e promover uma sensação de estar ancorado, relaxado e em contato com a base e o centro do corpo.

Durante os movimentos, preste atenção às sensações no corpo. Observe com curiosidade as sensações que você pode notar. Observe qualquer tensão e, da melhor maneira possível, deixe que seu corpo se suavize e se abra. Antes de iniciar os movimentos, e ocasionalmente entre eles, fique parado por alguns instantes, percebendo todas as sensações no corpo, sentindo a respiração, observando sua experiência.

### Sacudir o corpo

Entre os movimentos, você pode tentar às vezes sacudir o corpo, sacudindo as articulações. Sacudir-se é uma ótima maneira de aliviar o estresse acumulado nos tecidos do corpo: estimula a circulação de fluidos entre as articulações, proporcionando assim maior soltura e amplitude. Os animais costumam se sacudir como forma de aliviar a tensão após momentos de perigo ou ameaça.

### Respiração

Ao explorar esses movimentos, leve em consideração a respiração. Não a segure; deixe-a fluir naturalmente, e talvez você queira expirar pela boca de vez em quando. Essa é outra boa maneira de liberar a tensão e se conectar com a respiração. Para fazer isso, abra ligeiramente a boca e expire pelo fundo da garganta, fazendo um som como "ah" ou "hah". Deixe a inspiração fluir pelo nariz e depois expire pela boca. Essa forma de respirar naturalmente alonga a respiração e acalma o corpo.

### Ouça o seu corpo

Você pode brincar um pouco com esses movimentos. Não faça devagar demais, pois isso produzirá um pouco de rigidez. Nem faça muito rápido, porque assim não conseguirá saborear as sensações. Enfim, tome cuidado consigo mesmo ao fazê-los. É óbvio que apenas você conhece seu corpo, e pode ser que um ou mais dos movimentos descritos aqui não lhe sejam apropriados. Só você sabe. Então ouça seu corpo e suas necessidades. Se tiver um problema de saúde, pode mostrar esses movimentos ao seu médico ou fisioterapeuta antes de realizá-los.

### São movimentos conscientes, não meros exercícios

Nós os chamamos de movimentos conscientes, e não exercícios, para enfatizar que o mais importante não é a repetição, mas a qualidade da atenção durante a realização deles. Alguns movimentos são baseados em chi kung e tai chi, combinando movimentos corporais suaves, concentração mental e respiração para mover a energia no corpo.

## Meditação 5: Movimentos conscientes – primeira sequência

### Postura inicial em pé

Fique em pé com os pés afastados na largura do quadril e os joelhos desbloqueados para que as pernas possam dobrar ligeiramente.

Com os ombros e o rosto relaxados e os braços soltos ao longo do corpo, sinta o contato dos pés com o solo.

Depois de completar cada movimento, descanse da maneira que lhe pareça mais apropriada e siga o "caminho" de sua respiração por alguns minutos.

### O moedor

Girando a partir da cintura, permita que os braços se movam livremente, batendo suavemente nas laterais a cada giro.

Continue assim por alguns minutos, girando apenas até onde a sensação for natural.

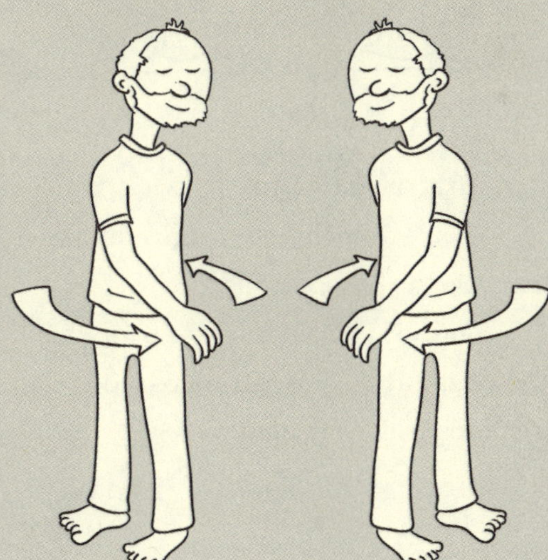

**Rotação de ombros**

Gire os ombros para a frente, leve-os até o nível das orelhas e depois para baixo.

Mude a direção para mais algumas voltas.

**Desenhar círculos com o nariz**

Giros suaves com o pescoço: desenhe pequenos círculos no ar com o nariz, primeiro à direita e depois à esquerda.

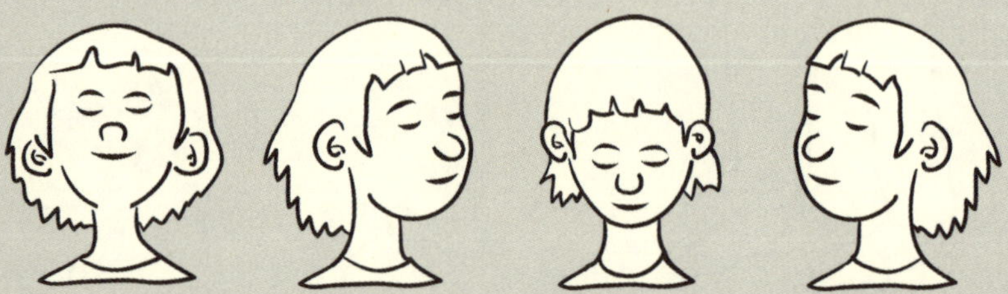

**Braços esticados**

Deixe as mãos e os braços flutuarem ao lado do corpo, até ficarem paralelos ao chão.

Vire as palmas das mãos para cima.

Estique os braços para os lados como se quisesse encompridá-los, sentindo o alongamento.

Em seguida, permita que suas mãos se elevem em direção ao teto, esticando os dedos para cima. E se achar conveniente, você pode entrelaçar os polegares.

No seu tempo, comece suavemente a baixar os braços pelos lados, virando as palmas para baixo quando chegar na altura dos ombros.

Considere toda essa sequência como fazendo parte do mesmo movimento, fluindo de uma instrução para outra sem interrupções.

**Pegando uma fruta da árvore**

Estique o braço direito para cima, com os dedos estendidos como se estivesse pegando uma fruta e deixe o calcanhar esquerdo erguer-se do chão.

Sinta o alongamento em todo o lado direito do corpo.

Deixe o braço descer suavemente para o lado do corpo.

Agora repita com o lado esquerdo.

**Movendo uma bola**

Fique em pé com os pés separados na largura do quadril e os joelhos desbloqueados, de modo que suas pernas possam dobrar ligeiramente.

Deixe os ombros e o rosto relaxados e os braços soltos ao longo do corpo.

Com as costas eretas, mantenha as mãos na frente do corpo, logo abaixo do umbigo, com os dedos de uma mão apontando para os dedos da outra, como se você estivesse segurando uma bola grande e leve.

Sinta o contato dos pés com o chão.

Ao inspirar, permita que as mãos subam até o nível do peito, com as palmas para cima. Vire as palmas e abaixe as mãos em direção ao umbigo.

Encontre o seu próprio ritmo, seguindo o ritmo da sua respiração e continue por alguns minutos.

Inspire e traga novamente as mãos ao nível do peito; ao expirar, afaste-as do corpo. Ao inspirar, traga-as de volta ao peito e, ao expirar, deixe-as descer até a altura do umbigo. Continue assim por alguns minutos.

Ao longo do dia, veja se consegue manter um grau semelhante de atenção aos movimentos que você faz habitualmente, como abrir uma porta, pegar um lápis da mesa, acender a luz...

### Sua experiência

Escreva sobre sua experiência ao fazer os movimentos: as sensações físicas, os pensamentos, os sentimentos, os julgamentos que você teve sobre seus movimentos ou sobre si mesmo. Talvez você queira escrever como se sente agora, depois de tê-los feito.

**Sensações físicas:**

**Pensamentos:**

**Sentimentos:**

**Julgamentos:**

## MINDFULNESS EM AÇÃO 3: FAZER UMA PAUSA

*Por meio de mindfulness, podemos aprender a transformar qualquer momento em que poderíamos nos sentir vítimas das circunstâncias em um momento de honestidade, iniciativa e confiança.*

BURCH, 2014

Quantas vezes por dia você deixa o que está fazendo e descansa? Você realmente descansa e não faz nada por alguns momentos? A maioria das pessoas que conheço vai de uma atividade a outra ao longo do dia, mal fazendo uma pausa para respirar. Muitas nem param para tomar uma xícara de chá! Acendem a chaleira e vão trabalhar mais um pouco, voltando a ela quando estiver fervendo. Que eficiente! Em seguida, bebem o chá enquanto trabalham.

Você vive assim? É muito bom ter uma vida plena, mas uma vida sem interrupções não é boa para nós, pois nos mantém no modo fazer, e isso é uma das causas do estresse.

É por isso que esta semana vamos convidá-lo a descansar, na verdade, descansar muitas vezes ao longo do dia. Não precisam ser longos intervalos – você não precisa de uma pausa de quinze minutos para tomar chá, embora isso seja maravilhoso; pode ser por apenas um minuto, ou mesmo apenas para respirar algumas vezes. Essas pausas somadas podem chegar a dez ou quinze minutos. Você consegue incluir todo esse tempo em sua agenda apertada? (E se a resposta for não, então não há dúvidas de que você está estressado.) Talvez, se você fizer mais pausas, consiga realizar mais, ou o seu trabalho tenha uma qualidade melhor. Quando estamos constantemente em movimento, tendemos a ficar exaustos; nossa mente fica cansada e acabamos prestando menos atenção ao que estamos fazendo. E então não fazemos o trabalho tão bem quanto poderíamos. Talvez descansar regularmente, ao final, seja mais eficiente.

Estas são algumas ideias que podem ajudá-lo a ter mais descansos:

**Dê permissão a si mesmo**: É interessante quando em nossos workshops pedimos às pessoas para não fazerem nada por alguns minutos; elas costumam comentar: "Foi incrível poder me permitir não fazer nada!". Portanto, dê-se permissão para não fazer nada, para fazer uma pausa na atividade, várias vezes ao dia. Ao fim do dia você vai se sentir muito melhor.

**Não fazer outra coisa**: Pare completamente o que estiver fazendo e permita-se realmente descansar. Pare de fazer, pare de ser produtivo ou útil, seja inútil por um tempo. Descanse.

**Tire férias do modo fazer**: O modo fazer é fantástico, pois permite que as coisas aconteçam! Mas não precisamos estar nele o tempo todo. Pausar significa mudar do modo fazer para o modo ser por um tempo. Quando estamos no modo ser, simplesmente estamos aqui neste momento, totalmente presentes, relaxados, porém alertas. Portanto simplesmente não faça nada!

**Realize muitas micropausas**: Se você sentir que não tem tempo para descansar de cinco a dez minutos, faça muitas pequenas pausas. Apenas feche os olhos e acompanhe a respiração por três ciclos; olhe pela janela por trinta segundos; levante-se se estiver sentado, ou sente-se se estiver em pé ou caminhando.

**Troque de atividade**: Se tiver feito algo ao longo da última hora, faça outra coisa por um tempo. Às vezes estamos muito envolvidos e pode ser um grande alívio fazer outra coisa. "Uma mudança é tão bom quanto um descanso".

**Fique longe da tecnologia**: Se você trabalha com computador, fique longe por um tempo, desligue o telefone ou pelo menos não atenda. Costumávamos viver sem essas coisas. Agora tendemos a ser tiranizados por elas.

**Entre em contato com o seu corpo**: Se você estiver fazendo algum trabalho que envolva esforço mental, como escrever ou trabalhar no computador, faça algo com o seu corpo. Levante-se, alongue-se, dê um pequeno passeio, deite-se ou simplesmente feche os olhos e observe as sensações no corpo; a sensação das solas dos pés em contato com o solo, as mãos apoiadas no colo, a respiração fluindo para dentro e para fora.

*Tire férias*
*Tire férias de ser alguém*
*Tire férias de estar em algum lugar*
*Tire férias desse tempo*
*Tire férias do agora*

*Faça uma pausa de querer coisas*
*Férias das esperanças*
*Deixe que as coisas não aconteçam afinal*

*Faça uma pausa de temer as coisas*
*Deixe o universo fazer o que quiser*
*Ele o fará de qualquer maneira*

*O universo está de férias*
*Por que não você?*

KAMALASHILA[10]

10. Professor de meditação da Ordem Budista Triratna.

## Meditação 6: Pausa mindfulness em três passos

Fazer esta prática é uma forma de pausar as nossas atividades. Durante a pausa, não fazemos nada; apenas ficamos parados e tranquilos por três minutos. Você pode sentar-se calmamente em uma posição confortável ou, se preferir, ficar em pé, deitar ou adotar outra posição da sua escolha. É uma ótima maneira de ajudá-lo a tomar mais consciência do que está fazendo, de como se sente. Você pode inseri-la em suas atividades ao longo do dia em intervalos regulares. Talvez seja útil usar um temporizador para lembrá-lo de parar a intervalos regulares e cronometrar os três minutos da "pausa para respirar".

**1. Abra o seu campo de consciência**

Adote uma postura elegante e ereta que lhe permita conectar-se com o momento presente. Feche os olhos se possível. E pergunte a si mesmo: "Qual é a minha experiência agora mesmo? ... pensamentos ... sentimentos ... sensações físicas".

Reconheça e registre a sua experiência tal como ela é neste momento, inclusive se houver aspectos de que você não goste.

**2. Concentre o seu campo de consciência**

Redirecione a sua atenção para a respiração, seguindo o caminho de cada inspiração e expiração, sem cessar.

A sua respiração pode funcionar como uma âncora para trazê-lo ao momento presente e ajudá-lo a entrar em um estado de consciência e calma.

**3. Amplie**

Amplie o seu campo de consciência a partir da respiração para incluir uma sensação do corpo em sua totalidade, sua postura e sua expressão facial. Termine levando em conta o ambiente em que está. Abra os olhos.

Esta pausa mindfulness lhe oferece uma maneira imediata de sair do piloto automático e se reconectar ao momento presente. Pode ser de três ou cinco minutos, o que você puder dispor; o importante é se lembrar desses três passos.

## OS SEIS PASSOS PARA A EQUANIMIDADE[11]

A equanimidade é um estado mental de estabilidade emocional, ou de compostura, de equilíbrio e calma, especialmente quando estamos sob estresse ou pressão. A palavra "equanimidade" vem do latim *aequus*, que significa "balanço" ou "equilíbrio", e *animus*, "espírito" ou "estado interno". É um estado de equilíbrio interno.

Usualmente, sob estresse, procuramos suprimir ou tentar encobrir os sentimentos difíceis que estamos experimentando: negando, evitando, fingindo que estamos bem. Chamamos isso de "afastar ou bloquear a experiência". Ou então nos sentimos afogados, sentimos que não podemos enfrentar e que estamos afundando sob essa pressão. Chamamos isso de "afogamento" ou de "superidentificação com a experiência". A equanimidade é um estado no qual contemos as experiências difíceis com calma, um estado de equilíbrio entre "afastar-se" e "afogar-se". Os seis passos a seguir são uma espécie de mapa que pode nos ajudar a navegar em nossa experiência:

11. Os seis passos são uma ferramenta didática essencial no programa MBPM, criado por Vidyamala Burch. Esta é uma versão ligeiramente adaptada para este livro.

**Passo 1: Consciência das sensações reais a cada momento**

- Mindfulness: prestar atenção ao que realmente está acontecendo no momento presente.
- A nossa experiência real no momento presente muitas vezes não é o que pensamos.
- Aprender a prestar atenção a apenas uma coisa de cada vez e a trazer a mente de volta quando ela se dispersar.
- Precisamos desenvolver essa habilidade um pouco antes de realizar os próximos cinco passos do processo.

**Passo 2: Aproximar-se/enfrentar o desagradável ou difícil**

- Permitir que qualquer coisa que atualmente estamos achando difícil ou dolorosa apenas fique lá, abordando-a com uma atitude suave, terna, amável e sem julgamento.
- Duas qualidades nos apoiarão nesta etapa: aceitação e autocompaixão.
- É como fazemos naturalmente com uma criança que acabou de se machucar – o impulso natural de se aproximar, cuidar e abraçá-la.

**Passo 3: Ir ao encontro das sensações agradáveis ou prazerosas**

- Tornar-nos mais receptivos aos aspectos agradáveis do momento presente.
- Às vezes, quando estamos sofrendo, é fácil perder de vista o fato de que há partes da nossa experiência que são agradáveis; tomar a iniciativa no momento de procurá-las.
- Duas qualidades nos guiarão neste passo: curiosidade e apreciação.
- Por exemplo: sensação agradável de calor nas mãos, uma sensação agradável no abdome, um raio de sol que entra pela janela atravessando a sala, estar na companhia de um amigo ou amiga.
- Você não está tentando se distrair dos aspectos desagradáveis da sua vida, e sim está permitindo que eles permaneçam em segundo plano na sua consciência.

**Passo 4: Ampliar a consciência para nos convertermos em "um recipiente maior"**

- Ampliamos o nosso campo de consciência para incluir e nos manter conscientes simultaneamente tanto dos aspectos desagradáveis como dos aspectos agradáveis da nossa experiência no momento presente.
- É como mudar a lente de uma câmera, trocando o zoom – que só pode ser focado em determinado aspecto da experiência – por uma lente grande angular, capaz de abranger toda a experiência.

- Deixar que tudo surja e se desvaneça momento a momento, liberando a nossa tendência de rejeitar o que é desagradável ou de nos apegar ao que é agradável.
- Durante esta etapa, cultivamos o senso de equanimidade, abertura e receptividade à experiência, tanto interna quanto externa.

**Passo 5: Conexão e humanidade compartilhada**

- A prática de mindfulness inclui a consciência das outras pessoas. Os aspectos de mindfulness mencionados até agora – habitar o corpo momento a momento e familiarizar-se com as sensações, emoções e pensamentos – encorajam a consciência de si mesmo. A partir dessa base, você pode expandir sua consciência imaginando estar na pele de outras pessoas. Todos nós temos um corpo que experimenta sensações; todos temos pensamentos e emoções e todos tentamos, de maneiras muito semelhantes, evitar a dor e nos apegar ao prazer.
- Passamos do individual para o universal, do isolamento para a conexão.
- O cultivo de uma atitude amável e bondosa para você mesmo pode estabelecer a base a partir da qual você poderá expandir sua amabilidade para as outras pessoas.

**Passo 6: A escolha**

- Aprender a escolha de responder ao invés de reagir aos aspectos desagradáveis e difíceis da vida.
- Os seis passos nos permitem ter uma sensação de espaço ao redor da nossa experiência.
- Permitem que nos demos conta de que, embora possamos não ser capazes de nos livrar das experiências difíceis ou desagradáveis imediatamente, podemos pelo menos escolher como responder a elas.

- Viver bem não significa conseguir o que você deseja, mas escolher como responder a tudo o que a vida lhe apresenta.
- A escolha é a etapa final porque é mais fácil ter uma sensação de "espaço" a partir dos passos anteriores.

Mindfulness e kindfulness: os enfoques meditativos abordados a cada semana

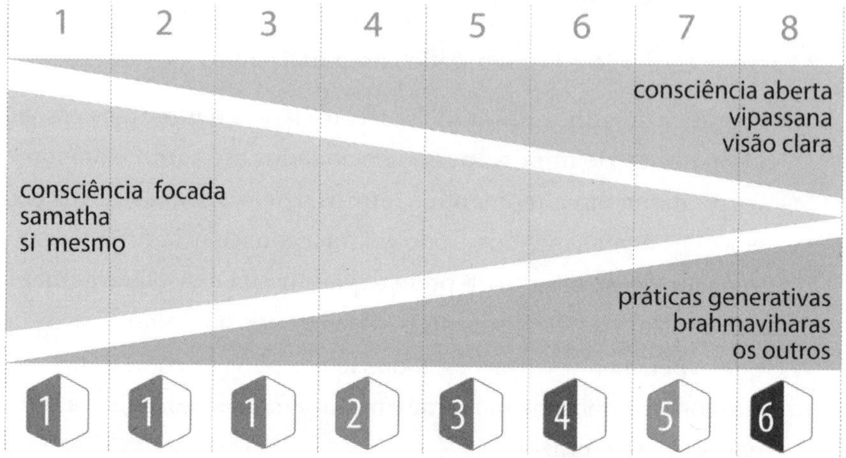


Passos abordados de acordo com as semanas do curso

## TAREFAS PARA A SEMANA 3

**Meditação**

Faça ao menos uma vez a meditação 3 – Exercício escutando os sons. Recomendamos que você pratique a meditação 4 ao menos uma vez por dia – Trabalhando com os pensamentos (você pode alternar com a meditação 2a – Mindfulness da respiração). E por último utilize a meditação 6 – Pausa mindfulness em três passos – para introduzir mindfulness em pequenas pausas ou intervenções em seu trabalho ou atividade diária.

Áudios no seguinte endereço: https://respiravidabreathworks.com.br/recursos/livro-kindfulness-stress/

**Utilizar o *slogan***: "Os pensamentos não são (necessariamente) fatos".

**Movimentos conscientes**: Recomendamos que você pratique a meditação 5, primeira sequência, ao menos duas ou três vezes na semana. Embora os movimentos tenham uma seção especial, são realmente uma meditação em movimento.

**Mindfulness em ação 3**: Faça uma pausa

**Caminhada com atenção consciente**: Faça-a pelo menos durante cinco dias. Escolha um trajeto que você já realiza diariamente. Durante esta semana, preste atenção especial à sua tagarelice mental, às histórias que você conta a si mesmo. Não tente não pensar; apenas note o que está pensando e mantenha sua atenção enraizada no corpo, na respiração e no movimento.

# SEMANA 4

# TRABALHANDO COM EXPERIÊNCIAS DIFÍCEIS

*A compaixão que cura o mundo,*
*A compaixão nascida da vacuidade,*
*Resistente como o diamante e terno como uma pétala,*
*Que traz paz aos corações selvagens e turbulentos,*
*dá luz ao amor*
*Todo o dia, toda a noite, derrame, compaixão, derrame,*
*Derrame como a chuva sobre este mundo sem compaixão,*
*perdido...*
*Derrame, derrame, derrame...*
U. SANGHARAKSHITA

## DEIXANDO A SUA EXPERIÊNCIA SER COMO É

Na primeira semana, apresentamos o conceito de experiência primária e experiência secundária. Quando acontecem coisas difíceis, tendemos a pensar muito sobre o que aconteceu, analisamos e tentamos resolver o problema, fazemos julgamentos e temos todos os tipos de sentimentos. A experiência direta do que é difícil chamamos de experiência primária; os pensamentos, julgamentos e sentimentos que surgem depois chamamos de experiência secundária. A experiência secundária é basicamente uma forma de resistir/rechaçar a experiência primária. Paradoxalmente, a experiência secundária adiciona mais estresse.

A maneira como mindfulness lida com experiências difíceis ou desagradáveis é estar com a experiência direta e não ficar preso aos pensamentos, julgamentos e sentimentos a respeito delas. Para fazer isso, precisamos abordar e enfrentar ativamente o que é difícil ou desagradável. Isso implica soltar todas as estratégias para superar os obstáculos que estamos experimentando.

No caso da dor, por exemplo, há evidências científicas de que as pessoas que são naturalmente mais conscientes (*mindful*) tendem a experimentar menos dor, talvez porque a aceitem mais facilmente e não passem tanto tempo pensando e se preocupando com ela (catastrofizando, ruminando, proliferando, etc.) (Zeidan, 2018).

As colunas que apresentamos a seguir mostram duas maneiras diferentes de lidar com aquilo que não queremos na nossa vida. Você pode tentar evitá-las e, nesse caso, tratá-las como se fossem inimigas. Essa é uma reação instintiva natural, mas tende a perpetuar nosso problema – "aquilo a que você resiste, persiste". A maneira como mindfulness aborda ou enfrenta as experiências difíceis ou desagradáveis da vida é com curiosidade, amabilidade e aceitação. O que estamos propondo vai contra a nossa intuição (contraintuitivo) e não parece a melhor coisa a fazer, mas experimente por algumas semanas e veja o que acontece, afinal você não tem nada a perder.

| MODO DE APROXIMAÇÃO | MODO DE EVITAÇÃO |
|---|---|
| Amabilidade | Rispidez |
| Calor | Frieza |
| Interesse | Negação |
| Curiosidade | Severidade |
| Aceitação | Rechaço |

### Como lidar com os pensamentos?

Você provavelmente já percebeu que soltar um pensamento é mais ou menos difícil, dependendo do tipo de pensamento que está tendo. Pode ser muito difícil abandonar alguns pensamentos porque eles carregam uma forte carga emocional.

Suponha que você teve uma discussão esta manhã com um ente querido. Essa pessoa disse coisas dolorosas e você respondeu com algumas verdades. Agora você se sente muito mal, magoado e até culpado por algumas das coisas que disse, bem como um pouco nervoso por voltar a vê-la ainda hoje. Se você se sentar para meditar com a respiração, o que acha que vai acontecer? Sem dúvida, vai pensar sobre a discussão, repassando-a na mente repetidas vezes, sentindo a dor, a injustiça de algumas das acusações que ouviu, sentindo raiva e pensando sobre o que gostaria de ter dito. Aí você tenta levar a atenção para a respiração. Por quanto tempo você acha que conseguirá ficar com a respiração até que os pensamentos da discussão retornem? Três segundos talvez? Você pensa em algo que ouviu e por um instante se sente magoado e com raiva, depois volta à respiração. Três segundos depois, de repente você pensa em outra frase que deveria ter dito. Isso o mantém distraído por alguns minutos antes de perceber o que está fazendo. Ah! Você volta para a respiração, e assim por diante, a respiração – a discussão – a respiração – a discussão – a respiração...

A questão é que os sentimentos sobre a discussão estão chamando a sua atenção. Você teria de ser um robô para simplesmente esquecer tudo e prestar atenção na respiração. (Claro, um robô não teria uma discussão, mas isso é outra história.) Eles chamam a sua atenção porque seu relacionamento com esse ser querido é importante para você. Você está magoado e preocupado e deve prestar atenção nisso. O que costumamos fazer, no entanto, é prestar atenção nos pensamentos sobre a discussão: o que ele disse, o que eu disse, o que deveria ter dito, o que direi quando o vir esta noite, o que espero que ele diga, etc. Na prática da atenção plena, vamos, por assim dizer, por trás dos pensamentos, em direção aos sentimentos e emoções, e nos permitimos senti-los plenamente. Onde os sentimos? No corpo. Sentado, permitindo-se sentir, veja se consegue localizá-los em seu corpo.

Agora, em vez de tentar tirar a sua mente da discussão, são os sentimentos e as emoções evocados pela discussão que vão se tornar a sua meditação. Você pode respirar com esses sentimentos. Inspirar e expirar com a raiva, a dor, o arrependimento e assim por diante. Isso é tudo o que precisa fazer.

Claro, nem todos os pensamentos carregados são desagradáveis. Se você vai se casar daqui a alguns dias ou amanhã de manhã sairá de férias, quando se sentar para meditar, os pensamentos sobre o casamento ou as férias provavelmente surgirão porque você está feliz e animado. Com as experiências positivas você pode fazer o mesmo que com a experiência negativa: tente não se deixar levar pelos pensamentos sobre o casamento ou as férias – planejamento, preocupação, lembrança de telefonar para o bufê –; em vez disso, sinta a emoção, a felicidade da ocasião e medite sobre isso.

## O PARADOXO DE MINDFULNESS

No coração da prática da atenção consciente, encontramos um paradoxo: se você quiser ir de A para B, você realmente precisa estar em A! Por exemplo: se quiser passar de um estado de ansiedade para um de calma.

A → B

Em vez de esforçar-nos em parar de sentir ansiedade e começar a ficar calmos (o que tende a nos deixar mais ansiosos!), o que realmente precisamos fazer é simplesmente sentir e notar a ansiedade no corpo, explorar as sensações, sentir curiosidade de saber como elas são percebidas e notadas. Em que parte do corpo são sentidas? Qual é a sensação real?

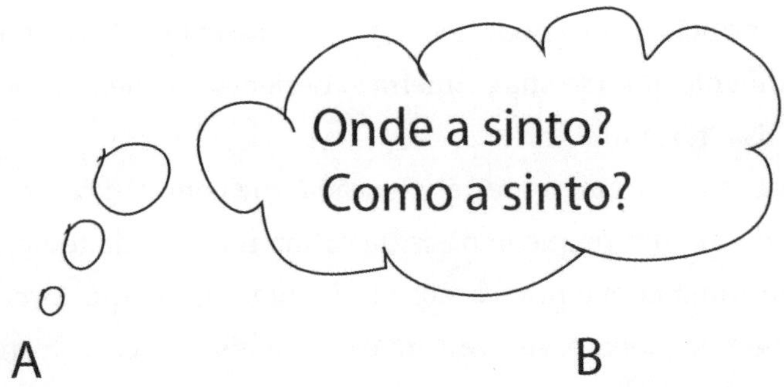


Simplesmente trazer atenção às experiências desagradáveis ou difíceis muda a experiência, mesmo que de maneira leve. Quando trazemos a atenção para uma situação, também trazemos um pouco de calma a ela. Em vez de tentar chegar a B, B vem em nossa direção apenas pelo fato de estarmos atentos.

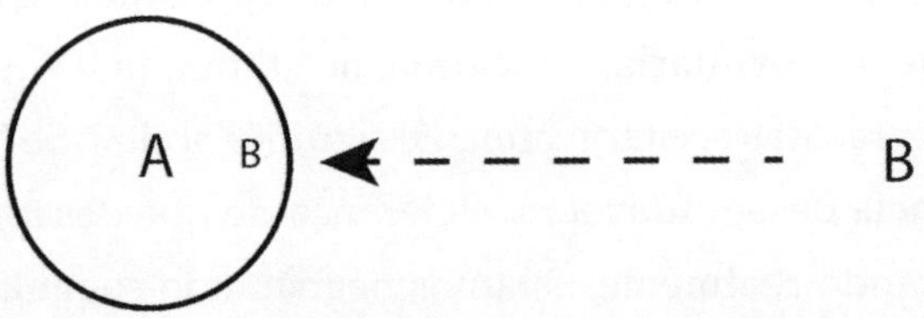


Voltando ao tema do modo fazer e do modo ser, em vez de pôr em marcha o modo fazer para resolver o problema da ansiedade, simplesmente "permanecemos" com a ansiedade. Mas vamos ter cuidado. A posição A, a ansiedade neste caso, não é a experiência secundária (pensamentos, sentimentos adicionais, julgamentos, análise e resolução de problemas); não é tudo o que acompanha as nossas sensações de ansiedade. A posição A é a experiência primária, a experiência direta sentida da ansiedade.

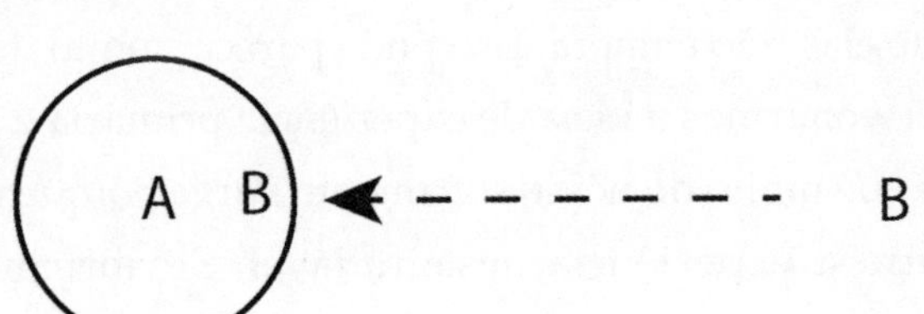

No princípio você pode não notar o efeito calmante de mindfulness, especialmente quando sua primeira experiência (ansiedade ou qualquer outra coisa) for muito intensa.

Mas se continuar a prestar atenção à sua consciência da ansiedade, poderá notar "um pequeno oásis de calma no meio da tempestade". Se você continuar com a prática, aceitando que é assim que as coisas estão agora, esse pequeno oásis crescerá e com mais prática se tornará maior do que a ansiedade.

Não importa o que seja A; quando paramos de resistir, de tentar afastá-lo, tentando fazer com que desapareça, e em vez disso permitimos que simplesmente ele seja como é, descobrimos com o tempo que os sentimentos diminuem e se acalmam. "Com o tempo" pode demorar muito; não há soluções rápidas no trabalho da atenção plena. Nesse ínterim, podemos permanecer com a ansiedade ou o que quer que A seja (nossa experiência primária) em calma, aceitando que é assim que as coisas estão agora. Mas aceitar realmente significa aceitar. Se "aceitarmos" uma experiência desagradável na esperança de que desapareça, não a estamos aceitando realmente, estamos negociando com ela: "Eu deixo você ficar um pouco se você for embora logo!". Estar em A realmente significa estar em A.

### Coisas que não podemos modificar

Claro que existem alguns aspectos da experiência que não podemos mudar. Você pode não gostar do clima britânico, por exemplo, mas "aceitar isso" não vai transformá-lo em um paraíso tropical. Num cenário mais sério, se A for uma dor física crônica, simplesmente estar em A não o colocará na situação de B sem dor. Aceitar situações emaranhadas não quer dizer que elas irão embora. Isso pode parecer muito desalentador. No entanto, se voltarmos à ideia de experiência primária e secundária, lembraremos que muito do nosso sofrimento surge porque resistimos e lutamos contra a experiência desagradável. Se abrirmos mão ou soltarmos essa resistência (os pensamentos inúteis, as emoções negativas e os julgamentos críticos), a experiência primária se tornará mais suportável. Isso em parte porque haverá menos sofrimento para administrar, e além disso, muitas pessoas percebem que abrir mão ou soltar a resistência à experiência desagradável as alivia. A experiência de dor, na verdade qualquer experiência desagradável, é fortemente influenciada pelo nosso estado mental. E só piora quando lutamos contra ela.

*Por meio da atenção consciente, ou mindfulness, podemos aprender a transformar qualquer momento em que poderíamos nos sentir vítimas das circunstâncias em um momento de honestidade, iniciativa e confiança.*

Burch, 2014

## Meditação 7a: Estar com uma experiência não desejada

Nesta prática de meditação teremos a oportunidade de ficar com algo que está acontecendo na nossa vida neste momento e de que não gostamos. Pode ser uma dificuldade em um relacionamento; talvez haja um conflito com alguém agora. Pode ser um problema financeiro, de saúde ou o trabalho está particularmente difícil. Para esta prática, você pode escolher qualquer tipo de dificuldade, embora para começar seja melhor escolher algo que não seja muito difícil. Tente praticar com uma situação que seja relativamente fácil de trabalhar; mais tarde, à medida que adquirir mais experiência, você pode escolher outra mais difícil. Como verá, incluímos dor física e outros tipos de desconforto físico; mas você pode trabalhar com qualquer tipo de experiência indesejada.

Adote uma postura o mais confortável possível. Feche os olhos e deixe a sua atenção mergulhar no seu corpo ... Escaneie todo o seu corpo brevemente para ter consciência dele por inteiro.

Entregue o peso do corpo à suave atração da gravidade, permitindo que ela o puxe em direção à terra ... observe se está resistindo à gravidade de alguma forma e, se estiver, veja se consegue soltar essa resistência ...

Agora descanse a atenção nas sensações da respiração entrando e saindo do corpo ... permita que o ritmo da respiração o acalme ...

Neste momento, lembre-se de algo que está acontecendo em sua vida que você não quer que aconteça ... Como você o sente? ...

Sua mente começa a ficar ocupada, discutindo, lutando, procurando uma saída? Se for assim, veja se consegue soltar o impulso de pensar nisso e tentar resolver, e em vez disso, apenas permita-se sentir ...

É possível sentir o reflexo dessa situação no seu corpo? ... Se possível, veja se consegue ficar com essa sensação e explorá-la com curiosidade.

Se a experiência indesejada for alguma dor, ou desconforto físico, gentilmente traga a atenção para ela e deixe-a repousar sobre esse desconforto, assim como você fez com as sensações da respiração ...

Explore as sensações de dor ou desconforto ... Como são realmente? ... São constantes ou mudam? São duras e sólidas ou mais suaves? Você consegue se aproximar da dor da mesma forma que faria com um vento forte contra o qual está caminhando?

Ou pode ser que você tenha alguma outra experiência física desagradável, como zumbido, fadiga, qualquer coisa ... Veja se consegue simplesmente estar com o que quer que esteja experimentando ...

Se a experiência se tornar muito intensa, quando quiser, dê um passo atrás e leve a atenção para outro lugar, como as sensações da respiração.

Talvez você descubra que tem uma forte resistência a estar tão perto da experiência; sendo assim, você pode tentar se inclinar para a própria resistência ... Como você sente a resistência? ...

Pode ser útil que, ao inspirar, você imagine que está respirando na experiência ... e então com a expiração você solta ... não a experiência, mas a sua resistência a ela ...

Isso pode ser difícil, e você pode estar se percebendo cerrando os dentes com determinação, por assim dizer ... Se for isso, talvez você possa se permitir suavizar um pouco, reconhecer o quão difícil é isso que você está fazendo e trazer alguma amabilidade para si mesmo ... Com suavidade e doçura, como faria com uma criança pequena de quem estivesse cuidando se ela caísse e machucasse o joelho ... se estivesse no chão, chateada, com dor ... O que você faria? Provavelmente a seguraria nos braços, e isso permitiria que ela sentisse dor e desconforto com mais facilidade, com amor e compaixão ... Você pode ter essa mesma atitude para consigo mesmo? ...

Agora amplie a sua atenção, tornando-se consciente mais uma vez de todo o seu corpo e respiração ... E do ambiente em que está ... Quando estiver pronto, abra os olhos.

Escreva como foi sua experiência ao fazer esta prática.

**Qual foi a experiência não desejada?**

**Como foi estar com essa experiência?**

**Surgiram pensamentos, julgamentos, sentimentos em relação à experiência? Se sim, quais foram eles?**

**Você foi capaz de soltar esses pensamentos e voltar à sua experiência primária?**

**Você foi capaz de trazer uma intenção amável à sua experiência?**

## Meditação 7b: Trabalhando com pensamentos carregados

Na prática da meditação, você pode ter começado a notar que há alguns pensamentos que voltam muitas vezes, os quais não podemos simplesmente deixar ir. E se é isso que você está experimentando, é provável que sejam pensamentos carregados emocionalmente. Então, podemos trabalhar com eles da seguinte maneira.

Dedique alguns momentos para se sentir confortável ... sentado ou deitado ... dando-se um tempo, antes de tudo, para estar com as sensações em todo o corpo ... Começando talvez pela cabeça ... apenas explorando o seu corpo suavemente, notando como está agora ... sentindo o contato com a superfície sobre a qual você está ... os pontos de contato entre você e esta superfície em que está deitado ou sentado ... as partes do corpo que estão em contato com o solo ...

Comece a prática sentindo da melhor maneira possível a sua presença aqui neste momento ... notando que você está respirando ... sentindo a respiração no corpo enquanto inspira e expira ... reconhecendo que está respirando ... reconhecendo que está exalando ... observando os pensamentos, fazendo a escolha de deixá-los ir, o melhor que possa ...

Pode ser que você esteja praticando ... percebendo-os e deixando-os ir, e que comece a se dar conta de que o mesmo ou os mesmos pensamentos continuam voltando, não importa quantas vezes você os tenha deixado ir, eles continuam voltando; é algo que está realmente presente na sua mente ... Se isso estiver acontecendo, é provável que estejam carregados com uma emoção ... é algo que está pedindo a sua atenção ...

Agora explore a possibilidade de ficar com esse pensamento ... Em vez de dar um passo atrás e convidá-lo a continuar seu caminho, observe: como é estar com esse pensamento? ...

Preste atenção nele ... mas tente não se prender no conteúdo, nas palavras do pensamento, na história que ele está contando ... Você nem precisa etiquetá-lo ... Veja se consegue ir além da história, para a emoção ... Você pode trazer a atenção para as sensações da emoção? ... Onde você as sente? ... Pode localizá-las em algum lugar do corpo? ... com curiosidade e interesse ... permitir completamente a sua presença ... explorar a sensação ... Como ela é?

Isso pode ser algo desconfortável, um pouco difícil, então seja cuidadoso e amável ... Pode ser que os pensamentos sejam sobre algo que o preocupa ou causa ansiedade ... Você está com esses sentimentos de preocupação? De ansiedade? ... Onde está a sensação? Como é? Você pode sentir curiosidade por isso? ... Sem tentar afastar-se, mas com um suave interesse, aproxime-se um pouco mais das emoções que estão por trás de seus pensamentos... permita sua presença ...

Pode ser útil respirar com a emoção ... aproximar-se dela na inspiração e suavizar ao redor dela na expiração ... usar a respiração como âncora para interromper o fluxo de conteúdo e ser capaz de sair do passado ... de se libertar dos planos para consertar quaisquer dificuldades ou de desejar que a experiência seja diferente ... Em vez disso, apenas respire com o que está aí ... e veja se consegue soltar com a expiração qualquer resistência ou tensão ...

Suavizando ao redor da emoção ... permitindo gentilmente, se possível, estar aí sem ficar tenso contra ela ...

Agora deixe de prestar atenção na emoção ... se possível, volte à sensação da respiração no corpo ...

Sentindo o corpo em contato com a cadeira ou com o chão ...

Para concluir a prática, você pode abrir os olhos e tomar consciência do espaço que o cerca. Leve o tempo que for necessário para fazê-lo.

## ACEITAÇÃO E AUTOCOMPAIXÃO

É aqui que começamos a ver o desenrolar do segundo dos seis passos para a equanimidade: "Aproximar-se do desagradável". Aceitação e autocompaixão.

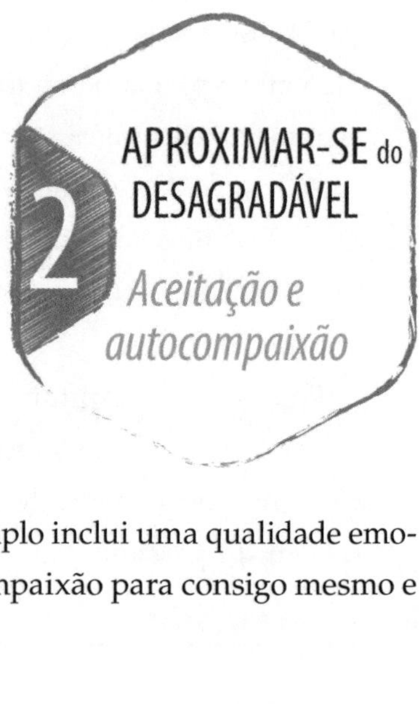


Aceitar não tem o sentido de aguentar, renunciar ou resistir estoicamente. Na etimologia de "aceitação" temos o termo em latim *acceptare*, que significa "tomar ou receber voluntariamente"; trata-se então de um estado positivo, ativo, não passivo ou negativo. Poderíamos dizer que é a vontade de permanecer com a nossa experiência, mesmo quando difícil e dolorosa.

Mindfulness em seu sentido mais amplo inclui uma qualidade emocional de cordialidade, amabilidade e compaixão para consigo mesmo e para com os outros. Podemos dizer que a atenção consciente e a amabilidade são como duas asas do mesmo pássaro, são igualmente importantes, necessárias e se complementam.

Na tradição contemplativa, diz-se que quando *metta* (amor, bondade) encontra o sofrimento, ele se transforma em *karuna* (compaixão). O conceito de autocompaixão é a aplicação da compaixão por si mesmo.

*A autocompaixão é dar a nós mesmos o mesmo cuidado, consolo e serenidade que naturalmente trazemos àqueles que amamos quando estão sofrendo, quando falham ou se sentem inadequados.*

GERMER, 2011

| TRÊS COMPONENTES DA AUTOCOMPAIXÃO (NEFF, 2012) | | |
|---|---|---|
| Mindfulness | Humanidade compartilhada | Amabilidade para consigo mesmo |

Aceitação e autocompaixão são os ingredientes necessários para cultivar o segundo passo. Isso não acontece da noite para o dia; requer coragem e compromisso com nosso caminho de transformar obstáculos, dificuldades e dores em uma profunda experiência de aprendizado e enriquecimento interior.

Existem numerosos estudos que mostram como o cultivo da compaixão tem um efeito sobre o bem-estar e a saúde. Em um estudo quase experimental realizado com profissionais de saúde da atenção primária, observou-se o aumento na autocompaixão e a redução nos afetos negativos de forma significativa no grupo em que o programa descrito neste livro foi aplicado (Pizutti, 2019).

## MINDFULNESS EM AÇÃO 4: ACEITAR UMA EXPERIÊNCIA DIFÍCIL

*Quando recebemos a dor com amor,*
*o mundo do sofrimento se dissolve.*

S. Levine

Não importa o quanto tentemos evitar experiências difíceis; não é possível evitá-las totalmente. A vida está cheia de experiências difíceis, incômodas, desagradáveis e até dolorosas; assim como de experiências mais fáceis, confortáveis, agradáveis e encantadoras. A arte de viver bem não consiste em tentar banir o difícil e admitir apenas o agradável e o simples, mas em aprender a responder em vez de reagir aos inevitáveis altos e baixos que a vida lança no nosso caminho.

A atividade desta semana consiste em convidá-lo a ficar com uma situação difícil e a aceitá-la, ao invés de lutar contra ela. Provavelmente, é melhor começar a praticar com algo relativamente simples: ficar preso no trânsito ou esperando um trem que não chega, ter de fazer algo que você preferiria não ter de fazer, sentir-se irritado com o comportamento de alguém ou caminhar na chuva (se você não gostar de chuva). Depois de ter praticado ficar com experiências relativamente suaves, você pode passar para algumas mais difíceis.

Aceitação não quer dizer simplesmente suportar, renunciar ou mesmo resistir estoicamente. É algo mais positivo do que isso. Também é mais ativo. Outro termo do latim que compõe a palavra "aceitação" é *capere*, que significa tocar. Quando você vai a uma loja de roupas e vê algo de que gosta – um top ou uma camisa –, o que faz logo em seguida (talvez depois de ver a etiqueta de preço)? Provavelmente toca na peça. Descobre como a sente. Isso nos dá uma ideia do que queremos dizer com aceitação. Uma disposição a experimentar, a sentir.

É natural fugir de experiências difíceis, se enrijecer e se proteger delas. Pode ser uma boa estratégia para algumas coisas, mas, se esta for a nossa postura habitual, teremos uma predisposição a nos enrijecer perante a vida, e infelizmente a toda ela. Não é possível nos endurecermos apenas contra o desagradável, pois quando o fazemos, endurecemo-nos também contra as coisas boas: a alegria, o afeto, a beleza, o amor. Aceitar uma experiência estressante significa tocá-la, sentir sua textura, sua aspereza, seu desconforto. Se você aprender a fazer isso, provavelmente perceberá que experimentará as coisas boas da vida de forma mais plena e mais vívida.

Aprender a aceitar experiências difíceis fortalece nossa tolerância ao estresse, ou seja, aprendemos a vivenciá-las sem nos exaltar. Pelo contrário, em vez de reagir a situações e emoções difíceis, seremos capazes de estar com elas com tranquilidade, fortaleza e maturidade. A tolerância ao estresse é a capacidade de experimentar situações estressantes sem reagir a elas. Não se trata de nos endurecer contra elas. Pessoas com alto grau de tolerância ao estresse sentem o desconforto, mas permitem que ele flua por elas.

Nós o convidamos a fazer o seguinte exercício:

**Exercício para cultivar a aceitação de uma experiência**

Na próxima vez que você se encontrar em uma situação estressante, primeiro observe o que está acontecendo e o que é desagradável. Onde você sente o desconforto? Na cabeça, no estômago, no peito, nos braços ou nas pernas? Ou em outro lugar? Veja se consegue ficar com as sensações desagradáveis sem reagir.

**Reconheça que é difícil**, que é uma experiência de sofrimento. Você pode até dizer a si mesmo: "Este é um momento de sofrimento". Não se sinta culpado; em vez disso, tente tratar a si mesmo como faria com um amigo ou um ente querido que estivesse passando por momentos difíceis. Com amabilidade, consideração e suavidade. Afinal, você está fazendo algo desafiador.

**Utilize a respiração para ajudar**; traga a sua atenção para ela, especialmente sentindo-a descer pelo corpo. Sinta o abdome se expandir e se contrair. Você pode imaginar que inspira na experiência desagradável e, ao expirar, veja se consegue deixar ir ou soltar a resistência ao que está acontecendo.

**Permita que a situação difícil simplesmente esteja aí**, tal como é, sem ter de fazer nada a respeito. Veja se consegue manter a atenção, de forma suave, gentil e tranquila. Inspirando a experiência, expirando a resistência. Inspirando o desconforto, exalando amabilidade e ternura para consigo mesmo.

## TAREFAS PARA A SEMANA 4

**Meditação**
Pratique a meditação 7a (Estar com uma experiência não desejada). Alterne-a com a meditação 1b (Escaneamento corporal, em áudio) e com a meditação 7b (Trabalhando com pensamentos carregados). Alterne-a também com a meditação 2a (Mindfulness da respiração).

Áudios no seguinte endereço: https://respiravidabreathworks.com.br/recursos/livro-kindfulness-stress/

**Mindfulness em ação 4**: Aceitar uma experiência difícil

**Utilizar o *slogan***: "Aquilo a que você resiste, persiste".

**Caminhada com atenção consciente**, por pelo menos cinco dias. Enquanto observa toda a sua experiência, preste atenção especial aos aspectos desagradáveis (pensamentos, aborrecimentos, emoções difíceis, etc.) que surgem enquanto você faz a caminhada. Como você se relaciona com eles? Qual é a sua atitude em relação a eles?

**Diário de eventos desagradáveis**
Tome consciência todos os dias de um evento desagradável que está acontecendo. Use as perguntas a seguir para focar a atenção nos detalhes da experiência enquanto ela está acontecendo. Depois, escreva no caderno. Veja o exemplo a seguir. (Segal, et al, 2006).

| | Como foi a experiência? | Você estava consciente dos seus sentimentos enquanto o evento estava acontecendo? | Como sentiu o corpo durante essa experiência? Escreva o máximo de detalhes possível. | Que emoções, sentimentos e pensamentos acompanharam o evento? | Você aprendeu algo com essa experiência? |
|---|---|---|---|---|---|
| Exemplo | Ficar na fila do supermercado e perceber que ia me atrasar para uma reunião importante. | Sim. | Tensão e ansiedade no estômago. Tensão nos ombros. Mãos suadas. | Irritado e impotente. Por que sempre escolho a fila mais demorada? Eles teriam de abrir mais caixas. Eu não quero chegar atrasado à reunião. | Devo tentar não fazer tantas coisas no mesmo dia. |
| Dia 1 | | | | | |
| Dia 2 | | | | | |
| Dia 3 | | | | | |
| Dia 4 | | | | | |
| Dia 5 | | | | | |
| Dia 6 | | | | | |
| Dia 7 | | | | | |

# SEMANA 5

## SENTE-SE. CELEBRE A VIDA

*O que você pensa e pondera,*
*esta será a inclinação da sua mente.*
*Dvedhavitakka Sutta.* MAJJHIMA NIKAYA, 19

### APRENDENDO A NOTAR AS COISAS BOAS: EQUILIBRANDO O VIÉS DA NEGATIVIDADE

No capítulo anterior, focamos nas experiências difíceis e aprendemos a trabalhar com elas com atenção consciente, aceitação e amabilidade. Claro, todos nós temos dificuldades na vida, e aprender a estar com elas sem reagir significa não adicionar um sofrimento adicional desnecessário à nossa experiência. Mas coisas boas acontecem também, e é fácil ignorá-las. Estar atento é prestar atenção a tudo o que está acontecendo no momento, porém há muitas coisas em que podemos prestar atenção, e aquilo a que prestamos atenção determina, até certo ponto, nossa experiência.

Suponha que você acorde pensando nas coisas que precisa fazer durante o dia. Uma delas é dar uma má notícia a alguém, e você suspeita que ele vá recebê-la mal. Na verdade, você tem um pouco de medo de que ele fique bravo com você.

Para a maioria das pessoas, o pensamento de ter de fazer isso ocupará um lugar mais importante na mente do que todos os outros afazeres. Isso ocorre porque no cérebro temos o que os neuropsicólogos chamam de viés da negatividade – uma forte tendência a perceber e ficar obcecado por eventos e experiências negativas. Existe uma razão evolutiva para isso. Nossos ancestrais eram vulneráveis a ataques de predadores e tribos hostis, sem falar de doenças, fome, etc., portanto, para sobreviver, eles tinham de estar atentos a ameaças. Eles tinham de detectar o perigo antes das oportunidades, porque se perdessem uma fruta pendurada na árvore, passariam fome por um tempo, enquanto se não percebessem o tigre que estava escondido nos arbustos... (Hanson 2013)

Herdamos esse viés da negatividade: percebemos as coisas ruins antes das boas; operamos sob o princípio de "é melhor prevenir do que remediar". E isso funciona bem do ponto de vista da sobrevivência, mas não nos ajuda a ter uma sensação de bem-estar, tranquilidade e felicidade. É difícil relaxar e desfrutar quando estamos procurando por possíveis perigos. Imagine tentar se divertir em uma festa se você acha que alguém quer machucá-lo ou nadar no mar se suspeita haver tubarões à espreita!

Nosso cérebro evoluiu dessa forma para garantir que sobrevivêssemos, e não para nos fazer felizes. Portanto, temos de trabalhar contra esse viés da negatividade e fazemos isso direcionando a atenção para o positivo, para as coisas boas que acontecem, para as experiências agradáveis. Isso não significa olhar para o mundo com lentes cor-de-rosa ou "pensar positivamente"; significa ter uma visão mais equilibrada e real da situação. Não se preocupe; quando houver um perigo você o notará e será capaz de reagir de forma adequada, mas o desafio é que você não fique o tempo todo tão vigilante e cauteloso.

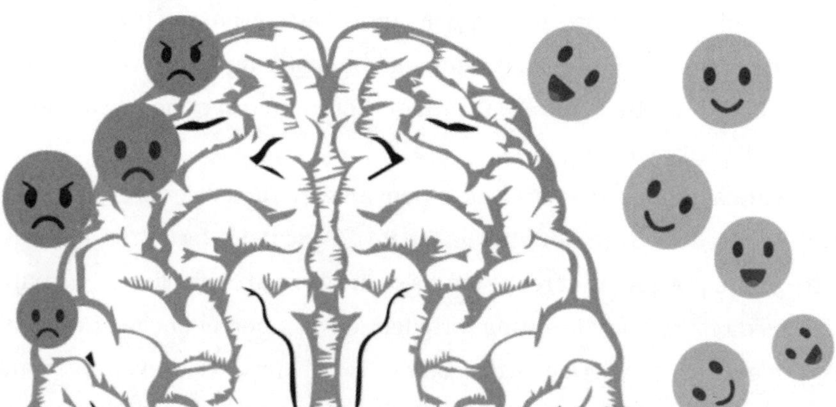

**Exploração:**
**Ir ao encontro do agradável**

Passe um momento olhando ao redor as coisas que lhe parecem agradáveis. Use todos os sentidos: visão, audição, olfato, tato, paladar. Pode ser a cor de uma parede, a fragrância de uma flor, a textura do tecido de uma almofada.

Quando encontrar algo, fique com isso um momento e saboreie o prazer. Observe como você vivencia ou experimenta o prazer.

Digamos que você esteja gostando de olhar o céu. Onde está o prazer nessa experiência? É apenas nos olhos ou você sente alegria em outro lugar, como na região do coração ou do estômago? Da mesma forma, se você está desfrutando do aroma do café, seu prazer está apenas no nariz, ou você o sente também em outro lugar?

## Sua experiência

Escreva sobre sua experiência de ir ao encontro do agradável. Talvez queira considerar algumas das seguintes perguntas:

**Que coisas lhe deram prazer?**

**Tente descrever o prazer que sentiu em cada uma delas.**

**Que sentidos estavam envolvidos?**

**Como se sente agora ao escrever a experiência?**

**Houve pensamentos que você não conseguia deixar ir ou que sempre voltavam?**

Além de perceber o negativo com mais facilidade do que o positivo, tendemos a nos lembrar mais das experiências desagradáveis do que das agradáveis. As experiências negativas vão diretamente para a nossa memória implícita, enquanto as experiências positivas demoram um pouco para isso (a memória implícita armazena experiências, habilidades, etc., enquanto a memória explícita armazena fatos, ideias, etc.). Como diz o neuropsicólogo Rick Hanson, "as experiências negativas são como o velcro – elas grudam –, enquanto as experiências positivas são como o teflon – elas deslizam" (Hanson, 2011). Há também uma razão evolutiva para isso: as experiências negativas costumavam ser perigosas para nossos ancestrais, e era mais importante aprender com elas do que aprender com as positivas. Portanto, quando olhamos para o dia, semana ou ano, tendemos a nos lembrar das experiências difíceis e desagradáveis com mais facilidade do que das experiências boas.

## TERCEIRO PASSO: IR AO ENCONTRO DO AGRADÁVEL - CURIOSIDADE E APRECIAÇÃO

Temos boas notícias. Não estamos condenados ao cérebro que o destino nos legou, mas, graças ao cultivo do terceiro passo (que inclui aprender a perceber o que é agradável, aprender a receber o bom), podemos treiná-lo. Devido à característica plástica do cérebro, conhecida como neuroplasticidade (Samita et al, 2018), ele está em incessante mudança e adaptação com base na experiência, e podemos também orientar essa mudança numa direção mais adequada.

Além disso, ao contrário dos músculos do corpo, que têm um limite no seu desenvolvimento, a vantagem de treinar a mente é que ela pode ser levada muito longe e, de fato, é ilimitada.

Em suma, como diz Ramón y Cajal, ganhador do Prêmio Nobel, "todo ser humano, se assim se propuser, pode ser um escultor de seu próprio cérebro".

## MINDFULNESS EM AÇÃO 5: RECEBER O BOM

Até agora nos referimos aos prazeres sensoriais (prazer hedônico, relacionado ao modo fazer), mas é claro que existem outros tipos de prazer. Um deles é o prazer baseado em valores (prazer eudaimônico, relacionado com o modo ser), em desfrutar de fazer coisas que são significativas para nós: a satisfação de fazer um bom trabalho, a suave alegria de um ato generoso, o sentimento caloroso de ajudar alguém em uma situação difícil, a emoção do sucesso quando atingimos uma meta que há muito tempo buscávamos (Vázquez et al, 2009). Esse tipo de experiências também pode passar despercebido.

No próximo capítulo, vamos explorar esse tipo de prazer com um pouco mais de detalhes, mas, por enquanto, vamos fazer uma prática que nos permita observar todos os elementos agradáveis e bons conforme acontecem, e ficar com eles por um pouco mais de tempo, permitindo que entrem em nossa memória implícita (Hanson, 2013b).

Esta prática consiste em três partes (Hanson, 2013b):

**1. Note uma experiência agradável**

Pode ser algo muito cotidiano, como alguém sorrindo levemente para você ao passar, o sol brilhando em sua mesa enquanto você trabalha ou a lembrança de algo bom que aconteceu no fim de semana. A maioria das experiências positivas são bastante comuns e relativamente pequenas, mas ainda assim são reais! Temos muitas dessas experiências todos os dias, mas muitas vezes passam despercebidas.

Agora, veja algo que está acontecendo neste momento, seja uma experiência da qual você se lembra, permita-se sentir o prazer de sua existência. Permita sentir-se bem com ela. Permita que o afete.

Observe qualquer resistência que sinta em fazê-lo – talvez a ideia de que não tem tempo, ou que não merece, ou que fazer isso é algo egoísta, ou que, se você se permitir desfrutar do prazer dessas pequenas coisas, de alguma forma estará baixando a guarda e permitindo que coisas ruins aconteçam.

Volte para a experiência positiva, abra-se para ela, respire e aproveite.

**2. Permaneça com a experiência**

Permaneça com a experiência por dez, vinte ou mesmo trinta segundos. Tente não se distrair com outra coisa. Se você se distrair, tão somente volte para a experiência. Dê a si mesmo permissão para realmente aproveitar. Suavize e leve a atenção à experiência; deixe que ela preencha sua mente; leve-a ao seu corpo. Quanto mais você a mantiver na atenção e quanto mais estimulante ela for, mais forte será a impressão que ela deixará na memória implícita.

**3. Absorva a experiência**

Agora deixe a experiência permeá-lo. Apenas fique com isso e permita-se senti-la. Como você faria em um dia frio se o sol aparecesse de repente; então você deixaria o sol aquecê-lo completamente, por dentro e por fora. Ou como se você tomasse um gole de chocolate quente em um dia frio de inverno e sentisse o calor se espalhar uniformemente por você.

Você pode achar útil saber que, enquanto essa experiência positiva permanecer na consciência, as redes neurais relacionadas a ela estão ativamente disparando e conectando-se umas às outras.

Tente fazer isso várias vezes ao dia. Não toma muito tempo. Dez, vinte, até trinta segundos de cada vez.

**Como receber o bom?**

NOTE
Note algo positivo em sua experiência recente

PERMANEÇA
Conecte com os sentimentos bons dessa experiência

ABSORVA
Permita que os sentimentos se assentem em você

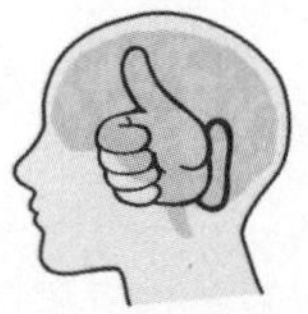

Ao fazer isso, você não está tentando se apegar às experiências positivas, pois fazê-lo poderia causar tensão e provavelmente levar à frustração. Na verdade, você está fazendo o oposto: ao recebê-las, você se sentirá mais bem alimentado internamente e menos frágil ou insatisfeito. Sua felicidade será mais incondicional, cada vez mais baseada em uma plenitude interior do que em condições externas.

**Reconectando o cérebro**

As práticas relacionadas com o terceiro passo (e em geral todas as práticas deste livro) nos ajudam a mudar o cérebro, construindo redes neurais que nos permitem perceber e lembrar as coisas boas da vida. O psicólogo canadense Donald Hebb estabeleceu o seguinte princípio: "Neurônios que se ativam juntos se interconectam" (Hebb, 1949). Centrando-se dessa maneira no prazer, você está se convidando a "conectar-se" com as diferentes áreas do cérebro que registram e fortalecem os sentimentos de felicidade e prazer.

*Importa que observes.*

*Importa que a vida viva através de ti.*
*Contentamento é a vida vivendo através de ti.*
*Alegria é a vida vivendo através de ti.*
*Satisfação e força*
*são vida vivendo através de ti.*
*Ele diz: "Não tenhas medo.*

*Não tenhas medo.*

*Ama, sente, deixa a vida levar-te pela mão.*
*Deixa a vida viver através de ti".*

ROGER KEYES[12]

## Meditação 8: Movimentos conscientes – segunda sequência

Já que estamos explorando o passo 3, vamos sugerir que você preste atenção especial às sensações agradáveis ou prazerosas que surgem enquanto faz esta sequência de movimentos. Não significa de forma alguma excluir desconfortos ou sensações desagradáveis, e sim abrir-se mais para o amplo leque de sensações da sua experiência, incluindo os aspectos sutis presentes que podem passar despercebidos devido ao nosso viés da negatividade.

12. Fragmento do poema "Hokusai diz", de Roger Keyes.

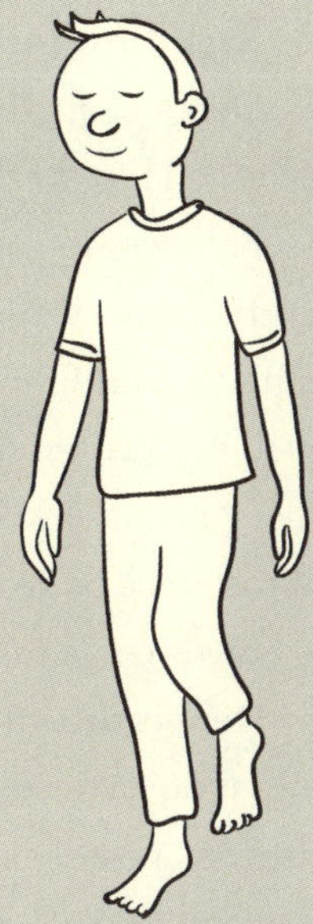

**Alternando o peso sobre os pés**

Sustentando-se firmemente em ambos os pés, apoie e estenda as solas dos pés. No seu tempo, desloque muito devagar o peso do corpo sobre um pé e gradualmente, aos poucos, levante o outro. Não precisa levantar totalmente o pé do chão, apenas um pouco, talvez até mesmo descansando a ponta dos dedos no solo. Consegue se equilibrar e manter o resto do corpo relaxado? Brinque com o equilíbrio e muito lentamente mova o peso do corpo para o lado oposto. Pode sentir a respiração enquanto balança?

**Rotação dos quadris**

Repita este movimento em alternância com os outros. Um movimento que pode ser lúdico, na verdade não é fácil fazê-lo de maneira séria!

Com as mãos nos quadris, atrás ou na frente, para ajudá-lo a sentir o movimento, gire os quadris como se estivesse desenhando círculos. Permita que este movimento traga consciência para o centro do seu corpo.

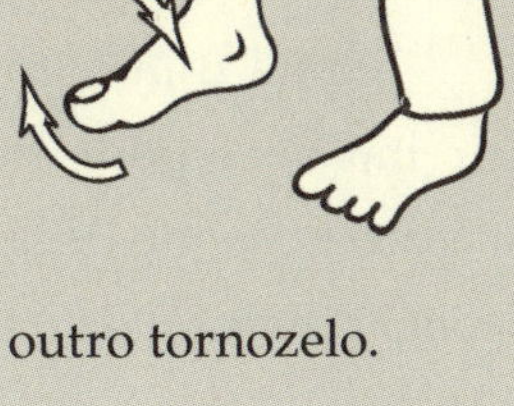

**Rotação dos pés**

Com os joelhos suavemente dobrados, comece a distribuir o seu peso sobre os pés, criando uma base estável.

Desloque todo o peso do corpo sobre um dos pés para, em seguida, levantar o joelho oposto e girar o tornozelo, primeiro em uma direção e depois em outra. Mude de perna e gire o outro tornozelo.

**Sacudir o corpo**

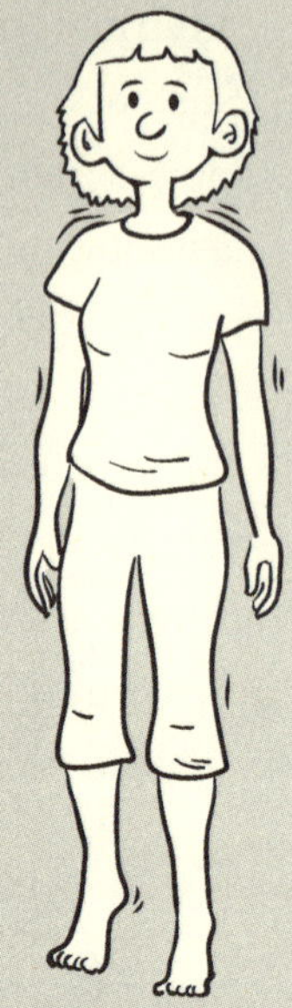

Deixe os joelhos ligeiramente flexionados e os braços ao lado do corpo.

Balance suavemente, criando um movimento de sacudir como um cachorro se sacode quando está molhado. Mantenha os joelhos e os tornozelos destravados. Permita que o movimento comece nos pés e nas pernas e suba até a pelve, coluna, mãos e ombros. Você pode adicionar movimentos de agitação nos braços e nas mãos.

Depois de um momento, deixe o movimento se acalmar até fazer uma pausa, percebendo o fluxo das sensações posteriores.

Sacudir-se é uma excelente forma de aliviar o acúmulo de estresse nos tecidos do corpo; estimula a circulação de fluidos entre as articulações proporcionando assim maior soltura e amplitude.

**Alongamento em arco**

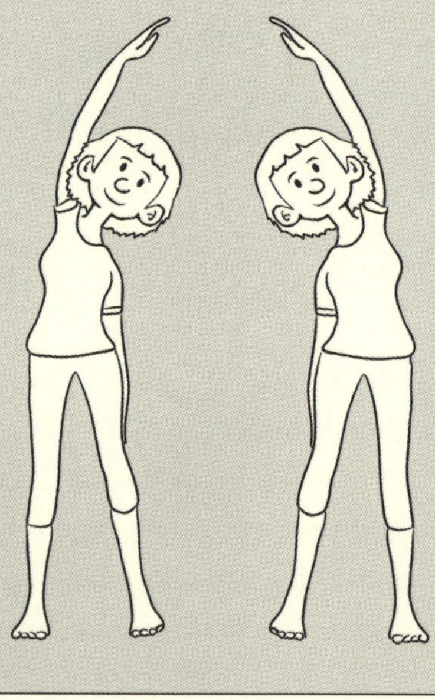

Com os pés bem apoiados sobre o solo e os joelhos ligeiramente flexionados, estique o braço direito perto da orelha enquanto a mão esquerda desce pela perna esquerda e o corpo faz um arco para a esquerda.

Sem se inclinar para a frente, mantenha a cabeça erguida e sinta o alongamento em todo o seu lado direito.

Repita o movimento agora para a direita. Você pode imaginar que é um macaco tentando pegar uma banana para alongar mais ainda o movimento.

**Círculo com os braços**

Ao inspirar, leve as mãos à frente e continue o movimento até levá-las acima da cabeça, acompanhando-as com o olhar e, ao expirar, deixe-as descer fazendo um círculo pelos lados. Repita o movimento, continuando assim por alguns minutos.

**O abraço amável**

Abra totalmente os braços para os lados, levantando-os até atingirem a altura dos ombros. Vire as palmas das mãos para cima. Ao mesmo tempo, erga o queixo ligeiramente, como se estivesse olhando para o céu.

Agora abaixe lentamente a cabeça para a frente e mais perto do peito. Ao mesmo tempo, comece a abaixar os braços, cruzando-os na frente do peito em um abraço gentil a si mesmo.

Repita o movimento quantas vezes quiser. Experimente a amplitude, abrindo o corpo de um lado e do outro com segurança, cuidado e calor ao cruzar os braços para dar- se esse abraço amável.

Repita o movimento, continuando assim por alguns minutos. Quando estiver pronto, descanse um pouco antes de concluir.

**Finalizar**

Ao longo do dia, veja se consegue manter um grau semelhante de atenção aos movimentos que você faz corriqueiramente, como abrir uma porta, pegar um lápis, acender a luz...

## TAREFAS PARA A SEMANA 5

**Meditação**: Escaneamento corporal (1b, versão longa, em áudio) e Mindfulness da respiração (2a). Você pode alternar as duas meditações durante a semana. Lembre-se de que você tem a pausa Mindfulness em três passos (meditação 6) se tiver pouco tempo. Áudios no seguinte endereço: https://respiravidabreathworks.com.br/recursos/livro-kindfulness-stress/

**Movimentos conscientes**: recomendamos que pratique a meditação 8 – Movimentos conscientes, segunda sequência –, pelo menos duas ou três vezes na semana. Embora os movimentos tenham uma seção especial, é realmente uma meditação em movimento.

**Mindfulness em ação 5**: prática Receber o bom

**Caminhada com atenção consciente**: Faça ao menos durante cinco dias. Ao mesmo tempo em que nota toda a sua experiência, preste especial atenção aos aspectos agradáveis que surgem durante a caminhada. Como você se relaciona com eles? Observe como é a sua atitude em relação a si mesmo; por exemplo, quando percebe que está distraído ou se engana, você pode continuar sendo amável e manter a iniciativa?

**Diário de eventos agradáveis**

Tome consciência todos os dias de um acontecimento agradável que está acontecendo. Use as perguntas a seguir para centrar a sua atenção nos detalhes da experiência *enquanto* ela está ocorrendo. Use as perguntas a seguir. (Segal, et al, 2006)

| | Como foi a experiência? | Você estava consciente dos seus sentimentos enquanto o evento estava acontecendo? | Como sentiu o corpo durante essa experiência? Escreva o máximo de detalhes possível. | Que emoções, sentimentos e pensamentos acompanharam o evento? | Você aprendeu algo com essa experiência? |
|---|---|---|---|---|---|
| Exemplo | Sair para comprar leite, e então perceber o céu azul. | Sim. | Eu liberei a tensão das mãos. Comecei a respirar mais devagar. Os ombros começaram a relaxar. Um sorriso se desenhou em meus lábios. | Uma alegria sossegada. Felicidade. Que maravilhoso ver o céu azul novamente! O céu é tão grande! Que bom aproveitar! | Fazendo nada mais do que ver o céu azul, tenho mais perspectiva em minha vida. |
| Dia 1 | | | | | |
| Dia 2 | | | | | |
| Dia 3 | | | | | |
| Dia 4 | | | | | |
| Dia 5 | | | | | |
| Dia 6 | | | | | |
| Dia 7 | | | | | |

*O amor depois do amor*

*Chegará um tempo*
*em que, com exaltação,*
*te receberás a ti mesmo ao chegares*
*à tua própria porta, ao teu próprio espelho,*
*e cada um sorrirá às boas-vindas do outro,*
*e dirás: senta-te aqui. Come.*

*Voltarás a amar o estranho que eras tu.*
*Serve vinho. Serve pão. Oferece de novo o teu coração*
*a ele mesmo, ao estranho que te amou*
*toda a tua vida, a quem ignoraste*
*por causa de outro, que te conhece de coração.*

*Tira as cartas de amor da prateleira,*
*As fotografias, as notas desesperadas,*
*arranca a tua própria imagem do espelho.*
*Senta-te. Desfruta a tua vida.*

DEREK WALCOTT

# SEMANA 6

## KINDFULNESS: A CONSCIÊNCIA AMÁVEL

*A sabedoria me diz que não sou nada.*
*O amor me diz que sou tudo.*
*Minha vida flui entre os dois.*
NISARGADATTA MAHARAJ

No capítulo anterior, vimos que é importante "a que prestamos atenção". Neste capítulo, vamos considerar "como prestamos atenção", a qualidade, até mesmo a atitude por trás da nossa atenção. A palavra "atenção" tem dois significados: por um lado quer dizer "focar", "centrar a mente em algo" e, por outro, "cuidar". Até agora examinamos o primeiro desses dois significados, embora tenhamos nos aproximado do segundo nas práticas de trabalhar com experiências difíceis, trazendo uma atitude gentil e amável em relação a elas. Nesta semana, vamos explorar a dimensão afetiva de mindfulness um pouco mais.

Você se lembra de quanto demorou para nos acostumarmos com a palavra "mindfulness", que em português se diz "atenção plena, ou consciente" e na língua páli *sati*? "Kindfulness" tem muito em comum com a palavra "mindfulness". A palavra *mind* é usada no sentido de "consciência"; o sufixo *-fulness* denota seu caráter de atenção, plenitude, totalidade, integridade, poderíamos até dizer ética. Vamos voltar à "kindfulness". *Kind* significa "amável/amoroso/gentil", o sufixo *-fulness*, o mesmo já explicado para "mindfulness". Talvez uma tradução possível seja "atenção, ou consciência, amável".

| **Páli** | *Sati* | *Metta* |
|---|---|---|
| **Inglês** | Mindfulness | Kindfulness |
| **Português** | Atenção consciente, ou plena | Atenção, ou consciência, amável |

Estamos falando de uma qualidade universal e inata do ser humano – *metta* (Sangharakshita, 2011). *Metta* significa "amor/amabilidade/bondade" e, como *sati*, também vem da tradição budista. *Metta* expressa um tipo especial de amor, não o sentimento típico de um relacionamento romântico nem um amor possessivo. Trata-se de uma qualidade sublime e, como mencionamos anteriormente, faz parte das Quatro Qualidades Incomensuráveis, ou *Brahmaviharas –Metta, Karuna, Mudita* e *Upekkha*. *Metta* às vezes é traduzido por "amor incondicional ou universal", já que é uma qualidade que transpassa qualquer barreira de gênero, raça ou status social, transcende a visão egocêntrica e é naturalmente expansiva.

| **Páli** | *Metta* | *Karuna* | *Mudita* | *Upekkha* |
|---|---|---|---|---|
| **Inglês** | *Kindness* | *Compassion* | *Empathetic joy* | *Equannimity* |
| **Português** | Amabilidade/ Bondade | Compaixão | Alegria empática | Equanimidade |

Há uma prática de meditação específica na tradição budista, muito bonita e transformadora, chamada *mettabhavana* (Sangharakshita, 2014), que se traduz como "o cultivo, ou desenvolvimento, de *metta*", sendo *metta* uma emoção positiva universal e essencial para o crescimento e desenvolvimento de todo o potencial humano. *Bhavana* significa "cultivo, desenvolvimento ou meditação". Portanto, *mettabhavana* é o cultivo da consciência amável ou da bondade amorosa (em inglês *loving kindness meditation*). Em outras palavras, a prática formal por meio da qual se cultiva ou desenvolve a qualidade de *kindness* é *mettabhavana*.

Kindfulness não inclui apenas a meditação formal, mas também outras formas mais imediatas da vida cotidiana em que se pode cultivar ou desenvolver. Por exemplo, na comunicação (imagine como seria falar com *metta*) ou no relacionamento com os outros (relações imbuídas dessa qualidade), nossa alimentação, trabalho...

## UM MODELO DAS NOSSAS EMOÇÕES

Um modelo simples e útil para compreender as emoções foi desenvolvido pelo psicólogo Paul Gilbert (Gilbert, 2018), embasado na neurociência evolutiva.

Esse modelo afirma que existem três sistemas principais de regulação das emoções. Para facilitar a didática do nosso curso (RespiraVida BreathWorks 2015b), cada sistema foi associado a uma cor: a cor vermelha, ao sistema de ameaça e defesa; a cor azul, ao de incentivo e busca; e a cor verde, ao sistema de calma e satisfação.

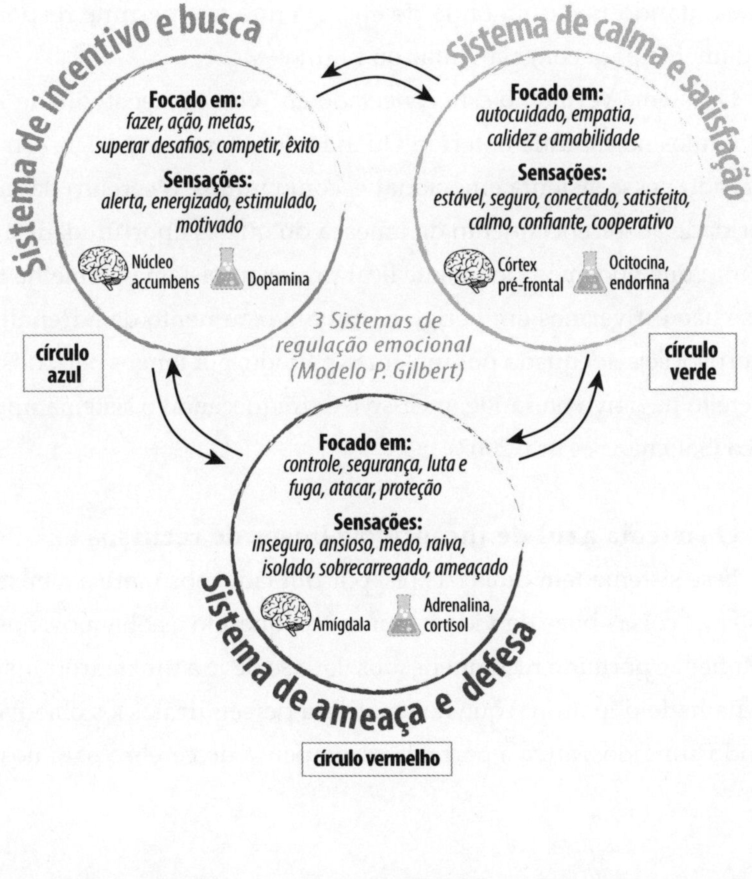

## O sistema vermelho de ameaça e defesa

A função das emoções relativas à ameaça e à defesa é sinalizar quando estamos em perigo e nos ativar para protegermos a nós mesmos e às pessoas de quem cuidamos. Essas emoções incluem medo, ansiedade, raiva e nojo (se abrirmos a porta da geladeira e sentirmos um cheiro desagradável, o nojo que sentirmos nos protegerá do perigo de comer algo que pode nos deixar doentes ou até mesmo nos matar). É interessante que todas as emoções desse sistema são desagradáveis, porém nem tudo o que é desagradável é "mau" ou indesejável, pois se houver um incêndio em seu prédio, é claro que é apropriado ter medo e sair correndo o mais depressa possível. Esse sistema emocional está conectado com uma das partes mais antigas do cérebro – a amígdala, localizada na base do crânio (Hölzel, 2010). Quando nos sentimos ameaçados, mediadores químicos como a adrenalina e o cortisol são liberados na corrente sanguínea, dando-nos uma onda de energia que nos permite responder rapidamente para congelar, lutar ou fugir.

O sistema vermelho está conectado ao "viés da negatividade", que exploramos no capítulo anterior. Quando detectamos o perigo, estamos operando nesse sistema emocional e, como vimos, o cérebro dá maior prioridade ao gerenciamento da ameaça do que às oportunidades. Isso significa que podemos facilmente ficar presos no sistema vermelho mesmo se não estivermos em perigo e, embora o aumento da adrenalina e do cortisol seja adequado por um curto período, por longos períodos tem um efeito negativo na saúde, inclusive enfraquecendo o sistema imunológico (Sánchez Segura, 2007).

## O sistema azul de incentivo e busca de recursos

Esse sistema tem duas facetas: por um lado, nos motiva a buscar e a obter as coisas boas da vida e, por outro, quando as obtemos, nos faz sentir bem e portanto recompensados. Isso se deve a um neurotransmissor chamado dopamina, que nos motiva a perseguir nossos objetivos e, quando atingidos, ativa a parte da recompensa do cérebro para nos dar uma explosão de prazer. Por esse motivo, algumas pessoas consideram a dopamina uma recompensa química. Este sistema inclui emoções como desejo (de conseguir o que é bom), excitação (quando estamos perto de consegui-lo), prazer e alegria (quando o conseguimos).

O sistema azul está conectado com o vermelho no sentido de que, se algo ou alguém nos impede de obter aquilo que perseguimos, ficamos frustrados e talvez com raiva. Nesses momentos, os dois sistemas são ativados simultaneamente.

Essa é uma das razões pelas quais não é uma boa ideia basear a nossa felicidade na obtenção de coisas – porque nem sempre conseguimos o que queremos. Além disso, há outro motivo: como a dopamina traz bem-estar, vamos querer repetir a experiência e, se o sistema azul não se equilibrar como o verde, assim que conseguirmos uma coisa, começaremos a procurar outra, nunca nos sentindo satisfeitos com o que fazemos. Algumas pessoas são muito sensíveis ao sistema de recompensa e podem desenvolver hábitos viciantes (Corominas et al, 2007).

*O prazer pode ser viciante, mas a arte da diversão ou a disciplina da diversão está em levar atenção consciente às sensações agradáveis e prazerosas, sem ambicionar repeti-las mais, mais e mais.*

MAITREYABANDHU, 2017

## O sistema de calma e satisfação

Esse sistema é ativado quando nos sentimos seguros e quando não queremos nem necessitamos de nada. Ele gera sentimentos de satisfação e contentamento, sentimentos de segurança, paz e realização, bem como emoções que nos conectam positivamente com os outros: amabilidade, afeto, apreço, gratidão, cooperação, compaixão... Por essa razão, também é chamado de sistema de calma e conexão. Os mediadores químicos envolvidos nesse sistema incluem endorfinas e ocitocina, esta última conhecida como o hormônio do amor. Quando endorfinas e ocitocina são liberadas, experimentamos uma forte sensação de bem-estar. Em verdade, as endorfinas são analgésicos naturais, portanto, estimular o sistema verde pode reduzir a dor e outras sensações físicas desagradáveis.

Você já percebeu que, quando se sente bem e relaxado, fica mais afetuoso e é mais capaz de receber afeto dos outros? E também funciona ao contrário: quando nos sentimos conectados às outras pessoas, nos sentimos mais relaxados e menos estressados. Portanto, ao desenvolver sentimentos de amabilidade, estamos reduzindo nossos níveis de estresse.

Mencionamos as desvantagens do sistema vermelho e azul; mas há uma desvantagem para o sistema verde também: se passarmos muito tempo nele, podemos nos tornar um pouco apáticos, letárgicos e desmotivados, levando a uma perda de energia e ao desânimo, o que por sua vez, pode talvez levar à depressão.

O sistema verde não é necessariamente um estado de passividade. Ser amável com alguém, por exemplo, é ativo, de um tipo de atividade diferente da do sistema azul. Quando estamos ajudando alguém, dando afeto a alguém que amamos, sendo brincalhões, não estamos tentando alcançar nenhum objetivo ou resultado em particular. A ajuda que estamos dando, o afeto e a sensação de brincar são nossas próprias recompensas.

Nossa cultura contemporânea tende a nos manter presos aos dois primeiros sistemas e, em grande medida, a deixar de lado o terceiro. A prática da atenção consciente – mindfulness – nos ajuda a encontrar um equilíbrio adequado entre esses sistemas, em particular por meio do desenvolvimento e cultivo do sistema de calma e contentamento.

### Em qual sistema emocional você passa mais tempo?

Lembre-se dos últimos dias e registre no caderno o círculo correspondente ao sistema emocional que foi ativado em você. Por exemplo, no círculo de ameaça e proteção você pode escrever "ficar nervoso por ir a um encontro", ou no círculo de calma e satisfação você pode escrever "passar um tempo com um amigo".

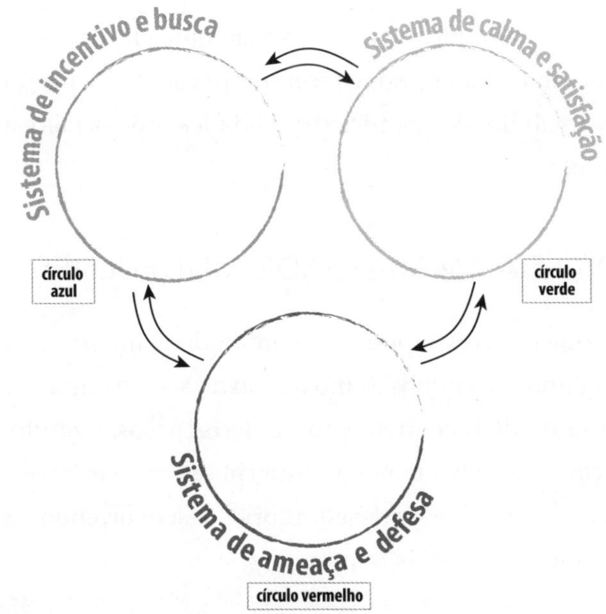


**Equilibrando os sistemas:**
**baixando o vermelho e o azul, subindo o verde**

Os sistemas emocionais vermelho e azul têm a ver com mudar o estado atual das coisas, de perigo para segurança, do estado de não possuir para o de possuir, portanto estão relacionados ao modo fazer da mente. O sistema verde envolve uma experiência de ser, de não ter de esforçar-se por nada, mas de estar à vontade no momento presente, tal como ele é.

Cada sistema tem suas vantagens e desvantagens, e cada um precisa ser regulado ou equilibrado pelos outros dois. Isso é o que significam as setas entre os círculos no diagrama. Por exemplo, você pode estar trabalhando muito para conseguir uma promoção no trabalho (azul), mas também precisa parar o esforço de vez em quando para ficar com seus amigos e familiares (verde). Embora goste de jogar bola com os seus filhos (azul/verde), também precisa se certificar de que eles não vão correr para a rua (vermelho).

A sociedade contemporânea valoriza o sistema vermelho e o azul muito mais do que o verde, e a maioria de nós precisa equilibrar isso "aumentando o verde" e "reduzindo o vermelho e o azul". Todas as práticas que você aprendeu neste livro o ajudam a fazer isso. Neste capítulo e nos seguintes, vamos nos concentrar particularmente nos aspectos de conexão, amabilidade, gentileza, qualidades pró-sociais e afetivas do sistema verde.

## O CULTIVO DA AMABILIDADE-KINDFULNESS

Vimos que o estresse pode ser entendido como um desequilíbrio emocional: quando passamos muito tempo no sistema de ameaça e autoproteção e/ou no de incentivo e busca de recursos, e muito pouco no sistema de calma e contentamento, experimentamos estresse. Mindfulness nos ajuda a corrigir esse desequilíbrio, desenvolvendo o sistema de calma e contentamento.

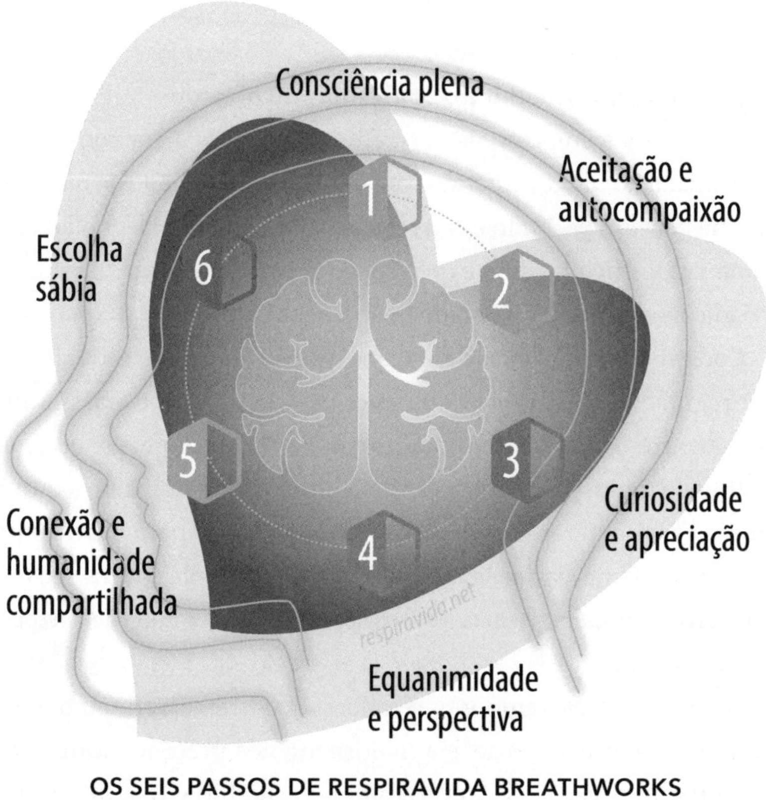


OS SEIS PASSOS DE RESPIRAVIDA BREATHWORKS

Abordamos também que o sistema de calma e contentamento inclui afeto, cuidado, conexão e amabilidade e que, ao desenvolver ativamente essas emoções por algum tempo, nossos níveis de estresse tendem a diminuir.

*A base de um cérebro sadio é a bondade e ela pode ser treinada.*

R. Davidson

## O que entendemos por amabilidade?

A amabilidade é uma atitude de atenção e preocupação tanto por nosso bem-estar quanto pelo dos outros (Salzberg, 1997). É muito importante que isso aconteça em ambas as direções. Ser amável com os outros, mas não com nós mesmos, ou sermos conosco, mas não com os outros, não é uma verdadeira amabilidade (embora possa ser um ponto de partida para cultivá-la em um sentido mais amplo). A amabilidade engloba empatia ou preocupação pelo nosso bem-estar e pelo dos outros, bem como a disposição de agir a partir desse objetivo. A amabilidade também inclui sentimento e compreensão, bem como uma ação embasada nessa compreensão. Isso significa que a verdadeira amabilidade não implica fraqueza ou tolice. Ser realmente amável é entender o que está acontecendo e ter o valor para agir a partir desse entendimento.

## Falsa amabilidade: inimigos distantes e próximos

Existem alguns mal-entendidos comuns sobre a amabilidade, e ainda alguns "inimigos próximos" que se disfarçam de amabilidade, mas que não são amabilidade verdadeira. É necessário ter clareza sobre a diferença entre a verdadeira e a falsa amabilidade por duas razões. Em primeiro lugar, se o que acreditamos ser amabilidade é na verdade uma falsa amabilidade, isso pode nos desviar da nossa tentativa de cultivá-la. Em segundo lugar, quando desenvolvemos a amabilidade, devemos estar alertas para as dificuldades que podem nos impedir de ter uma verdadeira amabilidade.

Entre os mal-entendidos sobre a amabilidade, existem três que são muito comuns: que a amabilidade é fraca, idiota ou manipuladora. Às vezes, acredita-se que ser amável significa não se defender. Por exemplo, alguém tolerar a agressão de seu parceiro sob o pretexto de ser "amável". Talvez haja muitos motivos pelos quais alguém tolere tal comportamento, como, por exemplo, acreditar que merece ou por ter medo de piorar a agressão, mas isso não é amabilidade. Na verdade, acreditar que merece a agressão indica uma falta de amabilidade para consigo mesmo. Assim, ser verdadeiramente amável pode significar enfrentar situações difíceis e isso pode exigir muita coragem.

Assim como a compaixão, a amabilidade pode ser confundida com algo que é suave ou macio. Pode ser suave (quando confortamos ou damos carinho a alguém) ou enérgica (quando paramos decididamente alguém que, por desatenção, vai atravessar a rua bem no instante em que um carro pode atropelá-lo). Nesse sentido, na tradição contemplativa, existem arquétipos budistas que representam o aspecto suave de uma qualidade como uma imagem pacífica e outros arquétipos que representam o aspecto enérgico da mesma qualidade com uma imagem raivosa.

Entre os mal-entendidos sobre a amabilidade, existem três que são muito comuns: que a amabilidade é fraca, idiota ou manipuladora.

O segundo mal-entendido é que, às vezes, ouvimos dizer que "ele ou ela tinha boas intenções". Embora possamos cometer erros agindo com boas intenções (o que nos dá a oportunidade de aprender), a verdadeira amabilidade não deixa de ter bom senso. Agir amavelmente, de uma maneira geral, sem observar as necessidades da outra pessoa com quem estamos tentando ser amáveis, não é amabilidade. Existe então um elemento de sabedoria na verdadeira amabilidade.

Em terceiro lugar, a amabilidade aparente pode ser uma manipulação encoberta. Isso não quer dizer que temos de esperar ter sempre uma motivação pura e desinteressada. Agindo com amabilidade, é provável que tenhamos todos os tipos de benefícios para nós mesmos, como sentir felicidade e sermos queridos pelos outros, mas ter consciência disso não deve nos impedir de agir com amabilidade. Podemos ao mesmo tempo desejar o melhor para nós e para os outros, e a amabilidade pode ajudar ambas as partes. No entanto, isso é diferente de uma adulação deliberada em que apenas nos envolvemos pelo que podemos obter. Normalmente podemos sentir claramente a diferença. Essa "amabilidade" não é autêntica.

### Os inimigos próximos da amabilidade

O "inimigo distante" de uma qualidade refere-se ao oposto da qualidade em questão e é fácil de detectar pelo contraste. No caso da amabilidade, ou *metta*, seria o ódio, enquanto os seus "inimigos próximos" são mais sutis e têm a aparência de amabilidade.

Existem dois inimigos próximos da amabilidade: o sentimentalismo e a piedade. O sentimentalismo é um excesso de emoção, mostrando-nos muito compreensivos, mas sem que isso se traduza em uma ação útil. A piedade assume uma posição de superioridade – "oh, coitado!" – e serve para nos manter à distância dos problemas alheios, pois aproximar-nos seria ameaçador. A autopiedade é igualmente uma forma de não enfrentar o que acontece, agarrando-se à emoção da insatisfação.

### A dimensão ética da verdadeira amabilidade

A amabilidade verdadeira é, então, o desejo de bem-estar para nós e para os outros junto com a vontade de agir a partir desse desejo. Ser realmente amável implica ser capaz de ver o que está acontecendo e como responder a isso; portanto inclui um elemento de sabedoria. Contudo, atuar com base nesse objetivo pode não ser sempre fácil e requer um pouco de coragem.

No livro *No se trata de ser bueno* (Subhadramati, 2013), a autora explica que ética não é apenas uma questão de abster-se ou deixar de causar dano, mas enfatiza a importância de cultivar qualidades positivas como amabilidade, generosidade, gratidão, alegria e atenção consciente, uma vez que é difícil ou impossível progredir exclusivamente na negação. Um exemplo de princípio ético é: "Me comprometo a me treinar no princípio ético de me abster de tirar a vida", e seu equivalente positivo: "Com ações de amor e bondade, purifico o meu corpo" (purificar aqui se refere a estar livre de qualquer motivação egoísta; aqui se menciona o corpo, mas o mesmo pode ser aplicado à fala e à mente).

### Conselhos para cultivar amabilidade, ou bondade amorosa

Quando cultivamos a amabilidade, vale a pena prestar atenção às confusões conceituais, como já comentamos anteriormente, por exemplo, de que ela é de caráter débil e fraco. Às vezes, essas confusões podem se esconder nos cantos da mente e nos impedir de realmente praticá-la. Também podemos ficar de olho nos inimigos próximos. Podemos descobrir que caminhamos para o sentimentalismo ou que nos sentimos confrontados pelo sofrimento de outra pessoa e queremos mantê-la à distância. De maneira mais geral, e isso se aplica a todos os tipos de meditação, precisamos verificar continuamente o equilíbrio adequado entre atividade e receptividade. Particularmente na meditação 11, da consciência amável, é fácil nos esforçarmos em demasia, tentando extrair amabilidade como se tira creme dental de um tubo quase vazio. Em vez disso, precisamos ser flexíveis, com espaço suficiente para a receptividade. Não precisamos nos preocupar em termos fortes sentimentos de benevolência: isso pode acontecer ou não. Afinal, é preciso ter em mente que é um processo de treinamento progressivo.

Portanto, quando introduzirmos uma palavra como "aceitação" ou "paz" na meditação desta semana, permitamos que seja como deixar cair uma pedra em um lago tranquilo. Nós a deixamos cair e esperamos as ondas aparecerem, as quais podem não ser muito fortes. Imediatamente pronunciamos aquelas palavras em voz baixa para nós mesmos, sentados com a maior atenção possível. Tentamos perceber quaisquer sensações no corpo, emoções ou pensamentos que surjam; mais especialmente, focalizamos nas sensações do corpo. Pode ser útil prestar atenção à área do coração ou ao abdome.

## Meditação 9: Amabilidade para si mesmo

Se quisermos nos conectar positivamente com outras pessoas, é útil ter uma atitude carinhosa em relação a nós mesmos; e esta meditação nos ajuda a fazer isso. Você pode não experimentar seu efeito de imediato; na verdade, provavelmente não experimentará. Como você pôde comprovar até agora com sua prática de atenção plena, não estamos procurando resultados instantâneos. Pense nisso como plantar sementes que crescerão no futuro, se você as cultivar. Lembre-se de que nesta prática estamos ativando o círculo verde, não o azul! Portanto, tentar arduamente, trabalhar duro, fazer grandes esforços para obter um resultado em particular não funciona: é provável que você fique frustrado se assim o fizer, e sem querer pode ativar o círculo vermelho!

Existem diferentes maneiras de fazer esta prática e, embora uma forma se adapte muito bem para algumas pessoas, não funciona tão bem para outras. Portanto, temos quatro recursos diferentes para praticar esta meditação: usando respiração, frases, imagens e gestos. Vamos descrevê-los sucintamente incluindo os quatro na meditação a seguir. Experimente todos os quatro e escolha a forma que funciona melhor para você.

Adote uma postura confortável e ereta, feche os olhos e simplesmente passe um tempo tomando consciência das várias sensações que você percebe no corpo ...

Agora repouse a atenção na respiração, como fez em Mindfulness da Respiração ...

Depois de alguns minutos, traga a atenção para a área do coração e simplesmente "observe" como você se sente agora? ...

**9a – Amabilidade para si mesmo: usando frases**

Agora diga a si mesmo: "Que eu esteja bem" ... e espere alguns instantes para que esta frase produza um efeito em você ...

Depois de alguns instantes, repita a frase ...

Agora experimente outra: "Que eu seja feliz". Somente diga e observe o que acontece, se acontecer ...

Note quaisquer pensamentos ou sentimentos que você tenha em resposta à frase, talvez: "Eu não mereço ser feliz", "Nunca serei feliz" ou "É tolice fazer isso". Quaisquer que sejam os pensamentos que vierem à mente, lembre-se do seu treinamento em atenção plena: são apenas pensamentos, você não precisa acreditar neles; apenas deixe-os ir e continue a prática ...

Você pode tentar outras frases como: "Que eu possa me libertar do sofrimento" ... "Que as coisas corram bem para mim" ... "Que eu me sinta seguro e protegido" ... "Que eu possa desenvolver o meu potencial" ... ou você pode inventar suas próprias frases que expressem de uma maneira mais específica o que deseja para si mesmo ...

**9b – Amabilidade para si mesmo: usando imagens**

Imagine um sol cálido ... talvez no final de um dia quente de verão, quando o sol está logo acima do horizonte ... talvez na cor dourada, ou de vermelho profundo ... irradiando um calor suave ... Não se preocupe se você não puder ver muito claramente; apenas ter a sensação de que está lá já está bem ...

Agora imagine que o sol está no seu coração ... (de novo, você não precisa vê-lo ali, apenas sentir sua presença) ... Imagine que esse sol irradia raios de luz suaves e cálidos que cobrem todo o seu corpo ...

Imagine que essa luz cálida é amabilidade ... preenchendo todo o seu corpo ...

**9c – Amabilidade para si mesmo: usando a respiração**

Descanse a atenção nas sensações da respiração ... inspirando ... expirando ...

Agora imagine que o ar ao seu redor está impregnado de amabilidade ... (Esta não é uma afirmação metafísica! Não estou dizendo que o ar está realmente impregnado de amabilidade, apenas imagine que é assim). Então, quando você inspira, inspira amabilidade ... e quando expira, essa amabilidade impregna todo o seu corpo ...

**9d – Amabilidade para si mesmo: usando o gesto**

Com as suas mãos, você pode fazer um gesto de carinho e ternura para consigo mesmo que expressa a intenção de amabilidade. Você pode levar a mão ao peito, para a área do coração, ou abraçar-se suavemente. Talvez ao abraçar-se suavemente, você possa acariciar as bochechas, acariciar as mãos sutilmente. Explore diferentes gestos que podem ajudá-lo a se sentir reconfortado. Convido-o a descobrir o gesto que funciona para você.

Depois de algum tempo, amplie sua atenção para todo o corpo ... para os sons ... e abra os olhos.

## A importância dos gestos amáveis

O toque e os gestos que expressam carinho, ternura e amabilidade, como colocar a mão sobre o coração ou abraçar-se, são uma forma simples, direta e imediata de ativar o sistema verde de calma e contentamento e a consequente secreção de ocitocina. Esses gestos são particularmente efetivos em momentos de muita autocrítica ou ao sentir-se vulnerável (Simón, 2018).

### Autocrítica e autoamabilidade

Talvez você pense que toda essa ideia de ser amável consigo mesmo é algo de fracos e autocomplacentes. Você acha que ser duro consigo mesmo é o caminho a seguir, que ser autocrítico é bom, pois o impede de ser preguiçoso e ajuda a se melhorar?

Pesquisas recentes sobre o assunto sugerem que, de fato, é justamente o oposto (Neff, 2012). Nesses estudos, as pessoas que praticaram a meditação de amabilidade para si mesmas foram mais capazes de, ao reconhecer seus próprios erros, imperfeições e ações negativas, aprender com eles e fazer mudanças para melhor, comparadas àquelas que não a praticaram. Isso porque ter uma atitude positiva em relação a si mesmas lhes permitia admitir seus fracassos sem serem oprimidas por emoções negativas. A autoamabilidade, em vez de nos tornar fracos e complacentes, nos torna mais robustos emocionalmente e menos egoístas.

Quando somos criticados, o sistema vermelho é ativado em nós; a crítica é sentida como uma ameaça, embora tenha sido feita com a intenção de ajudar. Da mesma forma, quando somos críticos de nós mesmos, aumentamos o círculo vermelho, de modo que, se somos autocríticos por hábito, estamos constantemente ativando as emoções de medo, ansiedade, raiva (dirigida a nós mesmos) e talvez autoaversão. Essas emoções não nos ajudam a melhorar, mas só fazem com que nos sintamos mal.

### Amabilidade para si mesmo *versus* autoestima

O conceito de "amabilidade para consigo mesmo" tem um significado muito próximo ao que se conhece como autocompaixão e é diferente do conceito de autoestima.

Kristin Neff, autora do livro *Autocompaixão: pare de se torturar e deixe a insegurança para trás* (Neff, 2017), estabelece as diferenças entre a autocompaixão e o conceito de autoestima. A autoestima implica uma avaliação positiva de si mesmo e, muitas vezes, a necessidade de ser especial e de estar acima de uma suposta média. A autocompaixão não se baseia em comparações, mas, muito pelo contrário, se apoia em nossas profundas semelhanças com os demais pelo simples fato de compartilharmos a condição humana.

### Alguns frutos a longo prazo da consciência amável ou *mettabhavana*

Há numerosas evidências científicas sobre os efeitos de cultivar a amabilidade para consigo e para com os outros (Fredrickson, 2008; Seppala, 2014). Algo que observamos em nossa própria experiência é que os benefícios dessa prática, ao contrário dos benefícios de mindfulness, é que ela pode ter um efeito *a posteriori* (Fredrickson, 2008). Enquanto pratica, alguém pode se perguntar se algo está realmente acontecendo (até parece um pouco ingênuo usar essas frases de bons desejos). É nas horas ou nos dias seguintes que você começa a perceber que algo começou a mudar em sua experiência. Talvez até a sua própria ideia de si mesmo esteja virando de cabeça para baixo. Pode ser que agora você perceba sua voz crítica interna com mais clareza, observe-a, distancie-se um pouco dela, o que a faz perder poder. Ou, de repente, você se encontra com alguém e sente uma nova sensação de confiança e abertura em seu coração ao expressar as suas necessidades. De repente, você se sente menos defensivo e mais receptivo ao iniciar uma conversa. Esses são sinais mais positivos de que a prática da consciência amável está fazendo seu trabalho.

Diz-se que o Buda ensinou a amabilidade (*metta*) como um antídoto para o medo. Uma mente saturada de amor incondicional não pode ser subjugada pelo medo; mesmo que este surja, não chegará a dominá-la.

Claro que não é mágico e requer um compromisso de prática diária e a longo prazo. Também é importante praticar em grupo, onde você pode compartilhar seus insights e receber conselhos de um professor certificado ou mestre.

## Uma nova linguagem corpóreo-emocional

Há outra área onde a prática do cultivo da amabilidade tem terreno fértil: o corpo. Pode se manifestar como mais abertura na postura corporal e fluidez na respiração, desde uma suavidade sutil no rosto até o esboço de um sorriso, ou o realce dos pés de galinha ao redor dos olhos, ou outros sinais que podem ser rapidamente percebidos por aqueles com os quais você se depara ou interage. E como os gestos não verbais são contagiosos, a sua abertura permite que os outros sejam mais abertos e relaxados.

Como mostram os estudos neurocientíficos, as emoções positivas abrem e expandem a consciência perceptiva e também têm uma correspondência corporal, na qual quatro sinais não verbais são mencionados (Fredrickson, 2015):

1. Frequência entre um sorriso e outro.
2. Frequência de gestos amigáveis e abertos.
3. Frequência na aproximação corporal.
4. Frequência de movimentos de cabeça.

Esses sinais emanam das experiências internas de amor de uma pessoa e são interpretados pelos outros como amor.

Além disso, a prática da consciência amável pode afetar o significado que você atribui a cada nova circunstância. É mais factível que você veja as coisas por uma luz favorável, conceda o benefício da dúvida e seja otimista sobre o futuro e o potencial dos outros. Se você realizar essa prática a longo prazo, seu comportamento verbal e não verbal pode ser tão diferente que outras pessoas podem se sentir mais seguras em sua presença, mais propensas a se abrir e estabelecer contato com você (Fredrickson, 2015).

## AMPLIANDO A PERSPECTIVA: CONSCIÊNCIA DO AMBIENTE

O tema das primeiras quatro semanas do curso foi o foco. Durante aquelas semanas, pedimos-lhe um esforço para se tornar mais consciente de si mesmo (do corpo, das emoções e dos pensamentos). O assunto da segunda metade do curso é a amplitude e a ideia de se tornar mais consciente das outras pessoas por meio da prática da meditação impregnada de consciência amável, ou kindfulness. Agora queremos que você amplie sua consciência para se tornar mais consciente de seu ambiente mais próximo, do mundo exterior, ou seja, das coisas que vê, ouve, toca, cheira e saboreia.

Na maioria das vezes, consideramos as coisas como certas. Já vimos uma infinidade de árvores, cadeiras, carros e casas, e ouvimos o vento, o canto dos pássaros, trens, passos e pessoas falando à distância tantas vezes, que na realidade nem olhamos nem escutamos mais. Vemos uma xícara, por exemplo, mas na realidade não notamos a forma específica que ela tem, nem sua cor, a forma como a luz incide sobre ela deixando uma parte na sombra, a maneira como reflete alguns dos outros objetos ao redor, reproduzindo-os de forma distorcida... E assim também existem as sensações que temos em contato com a xícara, seja quente, morna, ou fria, a superfície lisa ou áspera... Na hora de tomar café, quantas vezes temos consciência, na realidade, do seu sabor?

Um dos aspectos da prática de mindfulness é começar a ver, ouvir e sentir o cheiro das coisas como se fosse pela primeira vez. Lembre-se de uma época em que esteve em férias, talvez fora do seu país, em um lugar onde nunca tinha estado antes. Você percebeu como tudo era diferente, que as casas tinham um formato diferente e talvez fossem pintadas de outras cores das usadas em seu país? Que os ônibus e os trens eram diferentes? Até os cheiros, a luz, o ambiente? As pessoas que vivem naquele país há muitos anos já se acostumaram a ver, ouvir e sentir o cheiro dessas coisas; provavelmente terão deixado de notá-las, pois se tornaram nada mais do que parte do pano de fundo de suas vidas, e a mesma coisa acontece conosco. Estamos tão acostumados com as coisas que nos rodeiam, que elas não nos parecem interessantes, já se tornaram rotina, não são dignas da nossa atenção.

No entanto, se você começar a perceber conscientemente as coisas ao seu redor, poderá descobrir que as acha interessantes novamente. Pode acontecer que você veja coisas que nunca tinha realmente notado e o mesmo acontece com todos os sentidos. Uma xícara pode ser fascinante. Também o som de um cachorro latindo ao longe, a textura de um pano de prato ou o cheiro de fumaça.

**Exercício 1**

Pelas próximas duas semanas, pediremos que você se esforce para realmente perceber os objetos no seu entorno. Primeiro, feche os olhos e ouça. Você não precisa se esforçar para ouvir algo "interessante", somente escute os sons que estão presentes neste momento: os passos das pessoas, os carros que aceleram, o rádio do vizinho, o zumbido de um eletrodoméstico... Experimente ouvir os sons conforme chegam até você, sem forçar o ouvido para ouvir melhor, nem tentar excluir sons que você não quer. Tente deixar todos os sons simplesmente estarem aí, como são.

Da mesma forma, tente ouvir as coisas sem "interpretá-las", isto é, sem tentar deduzir o que produz o som e de onde ele vem. Tente ouvir os sons "desnudos", talvez como se estivesse ouvindo uma nova composição de um compositor moderno que acabou de juntar alguns sons aleatórios para sua diversão.

Faça isso por cinco minutos todos os dias.

**Exercício 2**

Agora, coloque sua atenção no que você vê. Escolha um objeto – pode ser grande ou pequeno, atraente ou feio, colorido ou discreto e simplesmente contemple-o por cinco minutos. Tente ver seu aspecto real, em vez de como você pensa que ele é. Algo que muitas vezes os professores de meditação destacam é que normalmente temos preguiça de olhar as coisas: temos somente uma imagem mental delas, e nos contentamos com isso. Por exemplo, quando "vemos" uma xícara branca, imaginamos que é de uma cor branca uniforme, ao passo que, quando olhamos de verdade, notamos que na realidade ela é composta de muitos tons diferentes de branco, creme, cinza, etc., dependendo dos objetos em volta. Agora, tente ir além da imagem mental de um objeto e veja-o como ele é.

Faça isso por cinco minutos todos os dias.

Além de escutar os sons e olhar os objetos, observe também suas reações ou respostas a eles. Se você estiver ouvindo um som de que não gosta, ou contemplando um belo objeto, observe como você se sente, bem como os pensamentos que surgem em resposta a isso.

Claro, você pode fazer esses exercícios com qualquer sentido: por exemplo, você pode fechar os olhos e tocar um objeto por cinco minutos, ou cheirar uma flor, ou comer algo em silêncio, permitindo-se saboreá-lo profundamente.

Observe sua resposta emocional ao exercício. Talvez você não goste de fazer isso, pode se sentir entediado e se perguntar qual é o objetivo. Observe essas reações. Como acontece com todos os exercícios de atenção consciente, pode não ser fácil no início e pode também ser difícil continuar com ele. No entanto, se você insistir, poderá se ver "recompensado" mais do que nunca: aquele mundo exterior um tanto cinzento e monótono pode voltar à vida, e algumas pequenas coisas que você desconsiderou por anos podem se tornar fascinantes. Você pode até recuperar alguns desses sentimentos que teve na primeira vez que saiu de férias, quando tudo era novo para você, extraordinário e inesgotavelmente interessante.

## MINDFULNESS EM AÇÃO 6: PASSAR ALGUM TEMPO NO CÍRCULO VERDE

O círculo verde é o sistema emocional de calma e satisfação que exploramos. Como vimos, existem três sistemas emocionais principais: o sistema de ameaça e defesa (círculo vermelho), que é projetado para nos ajudar a evitar o perigo; o sistema de incentivo e busca (círculo azul), que nos motiva a obter as coisas boas da vida e nos recompensa quando temos sucesso; e o sistema de calma e satisfação, que é ativado quando não estamos em perigo e temos tudo de que precisamos. Este último entra em cena se não estivermos presos em um ou nos dois outros sistemas emocionais. O estresse da maioria das pessoas é o resultado de passar muito tempo no círculo vermelho e/ou azul. Este programa e, portanto, este livro foram elaborados para restaurar o equilíbrio e ajudá-lo a passar mais tempo no círculo verde.

Esse sistema se caracteriza pela aplicação de kindfulness, serenidade, satisfação, absorção na atividade, equanimidade, apreço, relaxamento, diversão, alegria, admiração, afeto, empatia, amabilidade (dar e receber), solidariedade, amor e compaixão. O círculo verde é o modo ser da mente, enquanto os círculos vermelho e azul são aspectos do modo fazer. O círculo verde é também o local onde a criatividade ocorre com mais frequência, porque nos permite sair das formas habituais de reagir às coisas e às pessoas e olhar para elas de uma nova maneira.

Costuma-se considerar nas teorias da evolução do ser humano que "o mais forte" sobrevive, mas essa concepção está sendo reavaliada atualmente, porque talvez nesse processo as emoções pró-sociais possam ter tido um peso importante, de maneira que sobrevive "o mais amável". A seleção natural esculpiu as emoções positivas de nossos ancestrais para serem uma vantagem em circunstâncias que afetaram sua sobrevivência (como cooperar, colaborar, etc.) (Fredrickson, 2008).

Esta semana, nós o convidamos a passar algum tempo no círculo verde todos os dias. Existem várias maneiras de fazer isso. A seguir, alguns exemplos:

- Uma vez ou outra pare e aprecie o mundo ao redor: talvez o céu, uma tigela de frutas, a cor de uma gravata que alguém veste, coloque em prática a gratidão...
- Quando você falar com alguém (um amigo, um parente, um colega ou um estranho), tente se conectar com ele como ser humano; tente dar a ele toda a sua atenção; realmente escute-o; mantenha o interesse no que ele diz.
- Divirta-se um pouco. Dê a si mesmo algum tempo do dia para fazer uma atividade divertida ou apenas certifique-se de se divertir durante suas atividades diárias. Mantenha uma atitude lúdica. Leve as coisas um pouco menos a sério.
- Faça algo que absorva a sua atenção. Algo que o faça se concentrar de tal forma que você se afaste das demais preocupações. Algo que lhe permita estar no momento presente. Talvez uma atividade no trabalho, algo em casa ou em outro lugar. É por isso que as pessoas têm hobbies!
- Faça atos aleatórios de amabilidade ou generosidade! Faça algo de bom para alguém. Compre um produto para alguém que está desempregado e, se possível, converse um pouco com ele.

Ofereça-se para fazer café para alguém que parece estar sob algum tipo de pressão. Compre um pequeno presente para alguém que você gosta ou ama. O efeito desses pequenos atos de bondade pode ser surpreendente!

- Passe algum tempo com um amigo ou amiga.
- Vá à academia e certifique-se de ter bastante tempo para desfrutar de um banho após o treino.
- A alguém que você ama, diga que o ama.

Existem muitas outras maneiras de entrar no círculo verde, então não se limite aos exemplos acima. Seja criativo! Desfrute de si mesmo.

*Você não viu, oh, é que você não viu,*
*como brota a água aos borbotões no divino manancial do jardim?*
*Apenas surge e em seguida flui e desaparece para sempre.*
*Como surgem e fluem milhares de linhas brilhantes*
*que fluem, fluem e fluem para um abismo insondável,*
*redemoinhando sem parar e seguem fluindo para sempre.*
*E ninguém sabe onde se deterão.*

KUKAI [13]

13. Fragmento do poema "A um nobre de Kioto".

## TAREFAS PARA A SEMANA 6

**Meditação 9** – Amabilidade para si mesmo. (Há quatro gravações dessa meditação, cada uma usando um método distinto: a 9a usa frases, a 9b usa imagens, a 9c usa a respiração e a 9d usa o gesto amável. Você pode provar cada uma delas nos próximos dias e continuar com a que melhor lhe sirva).

Áudios no seguinte endereço: https://respiravidabreathworks.com.br/recursos/livro-kindfulness-stress/

Seja qual for a sua escolha, comece com a meditação do escaneamento corporal ou Mindfulness da respiração (2a) como preparação.

**Mindfulness em ação 6:** Passar um tempo no círculo verde. Ver as instruções nas páginas 162-164.

**Caminhada com atenção consciente**: Faça ao menos durante cinco dias. Ao mesmo tempo em que percebe toda a sua experiência, preste atenção especial aos sentimentos, sensações e pensamentos que surjam quando estiver com outras pessoas – agradáveis, neutras ou algum conhecido de quem você não gosta ou que não lhe apraz. Como você pratica a consciência amável nessas situações? Ao mesmo tempo, inclua um pouco mais da perspectiva "mindfulness do ambiente": observe os sons que chegam aos seus ouvidos, tais como são, sem rotulá-los (você pode retomar o exercício Ir ao encontro do agradável, no capítulo da Semana 5).

# SEMANA 7

## KINDFULNESS: A DIMENSÃO SOCIAL E ALTRUÍSTA DE MINDFULNESS

*Um ser humano é parte de um todo que chamamos Universo, uma parte limitada no tempo e no espaço. Experimentamos a nós mesmos, aos nossos pensamentos e sentimentos, como algo separado do resto - uma espécie de ilusão de óptica da consciência. Tal ilusão é para nós uma forma de prisão, nos restringindo aos nossos desejos pessoais e à afeição pelas poucas pessoas próximas a nós. Nossa tarefa deve ser nos libertar dessa prisão, alargando o nosso círculo de compaixão, de modo a abranger todas as criaturas vivas e toda a natureza na sua beleza. O verdadeiro valor do ser humano é determinado pela medida e pelo sentido em que ele conseguiu se livrar do ego.*

ALBERT EINSTEIN

### KINDFULNESS: CONSCIÊNCIA AMÁVEL DAS OUTRAS PESSOAS

Até agora, a nossa prática de atenção plena foi centrada em nós mesmos e na nossa própria experiência. Mas a maioria de nós interage de diversas maneiras com outras pessoas. Portanto, para que a nossa prática de mindfulness seja completa, devemos incluí-las.

Vimos que atenção plena é o esforço suave e persistente de prestar atenção à nossa experiência, qualquer que seja, no momento presente, isto é, uma consciência sem julgamentos, que não divide a experiência em duas categorias separadas, aceitando uma e rejeitando a outra. Pelo contrário, essa consciência observa tudo com curiosidade. Ser

consciente significa responder às experiências desagradáveis e indesejadas com consciência e sabedoria em vez de reagir de maneira habitual, estar consciente do viés da negatividade incorporado no cérebro, de modo a não se centrar exclusivamente em ameaças e falhas, mas também se lembrar de observar as coisas boas. Por fim, atenção plena é uma consciência calorosa, gentil, amável e amigável. Ser consciente das outras pessoas é, portanto, considerá-las dessa maneira.

Claro, há uma grande diferença entre uma pessoa e um objeto inanimado – as pessoas não são apenas objetos, mas também sujeitos. Ou seja, elas têm vida interna: têm sua própria consciência, sua própria consciência de si mesmas, a qual inclui sentimentos e emoções, pensamentos, planos, ambições, amores, medos... Estar consciente das outras pessoas inclui uma consciência delas não apenas como objetos, mas também como sujeitos, o que significa sentir e respeitar, ou ao menos levar em consideração seus sentimentos, pontos de vista, desejos, etc. Em uma palavra – empatizar com elas. Provavelmente é verdadeiro dizer que todos querem evitar o sofrimento e ser felizes, portanto, ser consciente dos outros inclui desejar isso para eles.

Vários pesquisadores (Garcia Campayo, 2018) sugerem o desenvolvimento de uma linha de pesquisa sobre como os diferentes tipos de meditação influenciam na promoção da cognição social (ou seja, como armazenamos, processamos informações sociais, como entendemos as emoções, os pensamentos, as intenções e os comportamentos sociais dos outros). Quando se combinam intervenções baseadas em mindfulness e compaixão, a dimensão da amabilidade (kindfulness) traz para a atenção consciente o compromisso social de tentar tornar o mundo melhor e o compromisso individual de amar e cuidar de nós mesmos quando estamos sofrendo.

A humanidade compartilhada é uma espécie de sabedoria interna que nos ajuda a desenvolver o senso de conexão com todos os seres, que é a base da compaixão. Com a prática da consciência amável, podemos desenvolver a perspectiva que nos permite tomar consciência das nossas tendências emocionais básicas como seres humanos e do nosso desejo de sermos felizes e livres de sofrimento.

A construção da humanidade compartilhada me lembra o conceito sul-africano de *ubuntu* (palavra da língua zulu). Segundo o arcebispo Desmond Tutu, *ubuntu* é a essência do ser humano e nos lembra o profundo senso de conexão e solidariedade entre os seres humanos.

A amabilidade, a bondade, ou *metta*, às vezes também conhecida como "amor incondicional", é uma qualidade expansiva e radiante que começa com a transformação do indivíduo, mas seu objetivo de longo prazo é a transformação global da sociedade e de todos os seres.

*Metta* não é algo romântico, não é algo cor-de-rosa, nem significa fingir ou ignorar os problemas que existem no mundo ou em nossa mente-coração. É uma tentativa séria de imprimir uma virada radical à nossa consciência, que se dará de forma cumulativa e progressiva com a prática. Está relacionada a uma visão da realidade que diz que nada existe independentemente do outro, que toda existência é uma vasta rede de fenômenos interconectados e interdependentes, uns formando as condições para a existência dos outros. Isso se aplica a tudo, desde uma tempestade até, é claro, um ser humano.

## Algumas recomendações para a prática

Estivemos um tempo desenvolvendo amabilidade para conosco, então agora vamos ampliar nossa consciência para incluir outras pessoas em nosso círculo de amabilidade. Fazemos isso da mesma maneira que fizemos as meditações de amabilidade para conosco, exceto que agora direcionamos nossos sentimentos positivos para os outros. Vamos começar com um amigo ou alguém importante para você. É sensato, enquanto estiver aprendendo essas práticas, não escolher alguém por quem você sinta atração sexual ou alguém que já morreu, porque você pode estimular outros sentimentos e isso tenderá a complicar a prática neste momento de aprendizado.

## Meditação 10: Amabilidade para uma pessoa amiga

Adote uma postura confortável, feche os olhos e fique um tempo simplesmente estando consciente das sensações no corpo ...

Repouse sua atenção na respiração ...

Depois de alguns minutos, leve sua atenção para a área do coração e observe como você se sente ...

Agora escolha alguém de quem você gosta, que seja importante para você ou que você ama. Pode haver muitas pessoas a serem escolhidas, mas não se complique tentando decidir: você terá a oportunidade de escolher outras pessoas nos próximos dias ...

Se tiver facilidade de visualizar, você poderá "vê-la" em sua mente, mas se não der, não se preocupe – não é importante "ver", somente a tenha em mente ... Talvez você possa lembrar seu nome, sua voz ou uma de suas características ...

Sendo alguém de quem gosta, provavelmente você já tem bons sentimentos por ela, então tudo o que precisa fazer é manter-se com esses sentimentos, permitindo que eles cresçam ...

Você também pode usar sua imaginação. Se na meditação da amabilidade consigo mesmo foi útil usar frases, você pode adaptá-las ao seu amigo, por exemplo: "Que ele ou ela esteja bem", etc. ...

Se essas frases não funcionarem, você pode usar a imagem do sol uma vez mais. Imagine que os raios suaves e quentes do sol em seu coração irradiam para o seu amigo ... você pode imaginar que ele ou ela tem um sol no coração que irradia amabilidade para todo o ser deles ...

Além disso, você pode usar a respiração. Imagine-se inspirando a consciência dele ou dela e exalando bons desejos para ele ou ela ...

Faça isso por um tempo e, em seguida, deixe que desapareçam da mente, trazendo de volta a atenção para o corpo e a respiração por alguns momentos ... e conclua a prática.

**Sua experiência**

Escreva sobre sua experiência ao fazer esta prática.

**Quem você escolheu?**

**Que pensamentos você teve ao fazer esta prática, se houve algum?**

**Que sentimentos você teve ao fazer esta prática, se houve algum?**

**Que sensações físicas você teve ao fazer essa prática, se teve alguma?**

## AMPLIANDO O CÍRCULO DE KINDFULNESS: CULTIVANDO AMABILIDADE PARA A PESSOA AMIGA, A PESSOA QUE ACHAMOS DÍFICIL E TODOS OS SERES

### Cultivar amabilidade para a pessoa neutra ou indiferente

Depois de praticar a meditação anterior por algum tempo, você pode ampliar ainda mais seu círculo de amabilidade e incluir pessoas com quem tem apenas um contato passageiro. Pode ser algo desafiador, porque geralmente não temos muitos sentimentos por pessoas que não conhecemos. Portanto, temos de usar a imaginação: essa pessoa tem uma vida que é tão importante para ela quanto a sua é para você. Como você, ela não quer sofrer e, como você, quer ser saudável e feliz.

Faça a prática tal como fez com a pessoa de quem gosta. Ou seja: adote uma postura confortável, feche os olhos, passe um tempo tomando consciência das sensações do corpo... e assim sucessivamente.

*O ódio nunca se extingue pelo ódio neste mundo;*
*somente se apaga através do amor.*
*Tal é a antiga lei eterna.*
*Dhammapada*. Dragonetti, 1967

## CULTIVAR AMABILIDADE PARA UMA PESSOA QUE ACHAMOS DIFÍCIL

Outras pessoas podem ser difíceis para nós: elas nem sempre fazem o que queremos, têm sua própria mente! É tentador tentar mudá-las (para o bem delas, é claro!), mas talvez você tenha aprendido por experiência própria que isso raramente funciona. É menos frustrante simplesmente deixar as pessoas serem quem são, com todos os seus defeitos.

Quando as pessoas nos criticam ou nos tratam mal, o sistema emocional vermelho é ativado em nós. E isso tende a nos deixar na defensiva ou agressivos e, se agirmos assim, poderemos piorar a situação. Será melhor se ativarmos o sistema verde, no qual, embora nos sintamos afetados pelo comportamento da outra pessoa, ainda podemos retroceder um pouco e agir com um pouco mais de sabedoria do que talvez faríamos se agíssemos no sistema vermelho. Ligar o sistema verde não significa que vamos permitir que os outros nos tratem como um trapo; podemos levantar a voz e lutar contra as injustiças, mas podemos fazê-lo de forma mais eficaz por estarmos mais tranquilos e mais robustos emocionalmente. Numa situação difícil, as emoções negativas tendem a nos polarizar, enquanto as emoções positivas tendem a contextualizar o que está acontecendo, dando uma perspectiva ampla, que por sua vez permite uma melhor avaliação da situação, identificando qual a melhor estratégia ou recurso disponível.

**Algumas pautas para a meditação sobre o cultivo da amabilidade para as pessoas que achamos difíceis**

Agora vamos expandir nosso círculo de amabilidade para incluir alguém que atualmente achamos difícil, talvez alguém que nos tratou mal. Para fazer essa meditação de maneira efetiva, devemos ter cultivado um senso bastante forte de amabilidade para nós mesmos; caso contrário, podemos sentir-nos sobrecarregados pelo dano que consideramos que essa pessoa nos causou ou pela raiva do seu comportamento. Em outras palavras, estaríamos ativando o círculo vermelho no lugar do verde.

É importante, para começar, procurar uma pessoa com quem você tenha uma dificuldade ou conflito de nível intermediário a baixo. Vá pouco a pouco, gradualmente ganhando confiança e experimentando como funciona a prática para você.

Primeiro, dedique um pouco de tempo desenvolvendo amabilidade para consigo mesmo, depois para alguém que você aprecia ou admira. Isso lhe dará uma base positiva para desenvolver amabilidade para quem você considera difícil. Você pode então trazer à mente alguém que você não conhece bem, expandindo um pouco mais o círculo da amabilidade e, por fim, uma pessoa que acha difícil.

Você pode realizar cada um desses estágios da mesma maneira que fez com as meditações da amabilidade para si mesmo e para um amigo. Quer dizer: sente-se numa postura confortável, feche os olhos e passe um tempo tomando consciência das sensações no corpo... e assim sucessivamente.

Dedicar um tempo diariamente para cultivar uma atitude positiva em relação a uma pessoa que você acha difícil pode ter um efeito muito positivo em você e em seu relacionamento com ela. Alguém que alguma vez foi inimigo pode tornar-se amigo. Isso pode parecer inacreditável, para não dizer indesejável! Apenas pratique e veja o que acontece.

**Plantando as sementes do perdão**

Durante esta etapa da meditação, pode emergir um desejo natural de perdoar, criando-se um terreno fértil para, pelo menos, plantar as sementes do perdão, pois este pode ser um processo que tem seu próprio tempo. Pode-se dizer que o perdão é uma forma de autocompaixão, já que beneficia ou alivia o sofrimento corrosivo (gerado pelo ressentimento, vingança, etc.) da própria pessoa em primeiro lugar. É claro que o perdão não significa tolerar uma ação prejudicial ou negar a injustiça e o sofrimento. Nem deve ser confundido com passividade em face da violação ou abuso. Perdoar não é um processo livre de incômodo e resistência, mas os resultados a longo prazo são tremendamente liberadores da energia bloqueada investida em nos manter presos em estados mentais negativos.

> Não perdoar é como beber veneno e ter a expectativa de que a outra pessoa sofra ou morra.

Kristin Neff (op. cit.) e colegas, através de estudos realizados sobre a relação entre a autocompaixão e o perdão, descobriram que as pessoas que são compassivas consigo mesmas são muito mais inclinadas a perdoar os outros do que as que não são compassivas. Uma das principais maneiras pela qual a compaixão por si mesmo se traduz em perdão é no reconhecimento da nossa "humanidade compartilhada". Quando vemos os outros como indivíduos separados com controle total de seus pensamentos e ações, é natural culpar aqueles que nos ferem, assim como culpamos a nós mesmos quando erramos. No entanto, se entendermos a interconexão entre toda a humanidade, veremos que existem inúmeros fatores que influenciam continuamente quem somos e o que fazemos.

**Amor incondicional ou amabilidade para todos os seres**

Depois de ter praticado dessa forma individualmente com uma pessoa de cada vez, se desejar, você pode expandir ainda mais o círculo de amabilidade para abranger todas as pessoas do planeta. Cerca de 8 bilhões e esse número continua aumentando!

Lembre-se de que, para realizar a próxima meditação, você precisará de mais tempo (cerca de vinte minutos). Durante a prática, inclua progressivamente a si mesmo, um amigo, uma pessoa neutra, uma pessoa que considere difícil e finalize cultivando a amabilidade para com todos os seres, expandindo gradualmente o círculo de amor incondicional que abrange todos os que vivem em sua cidade ou bairro, e depois no país, continente e no mundo. Você não precisa limitar seu círculo de amabilidade às pessoas; pode acrescentar animais domésticos, pássaros e expandir a todos os seres vivos.

*Que todos os seres vivam felizes e livres de todo dano*
*e que seus corações se regozijem em seu interior.*
*Tudo o que existe com respiração de vida,*
*tanto seres frágeis ou muito fortes,*
*sem exceção, sejam altos, baixos*
*ou de estatura média; sejam grandes, pequenos*
*ou grossos; visíveis ou invisíveis;*
*se vivem longe ou se vivem perto;*
*os que estão aqui, os que buscam a existência:*
*que todos os seres se regozijem em seu interior.*

Karaniya metta Sutta, Sangharakshita, 2014

## Meditação 11: Amabilidade para todos os seres – prática completa em cinco etapas

Faremos uma versão completa em cinco estágios da meditação Consciência amável, mas antes de começar, sugiro que você escolha as três pessoas que incluirá em cada etapa: a segunda (amiga), a terceira (neutra) e a quarta (a pessoa com quem tem dificuldade), de modo a não passar muito tempo pensando em quem escolher. Lembre-se de escolher um horário em que não será interrompido durante os próximos 20 a 25 minutos e um local confortável e tranquilo onde possa sentar-se.

**Preparação**

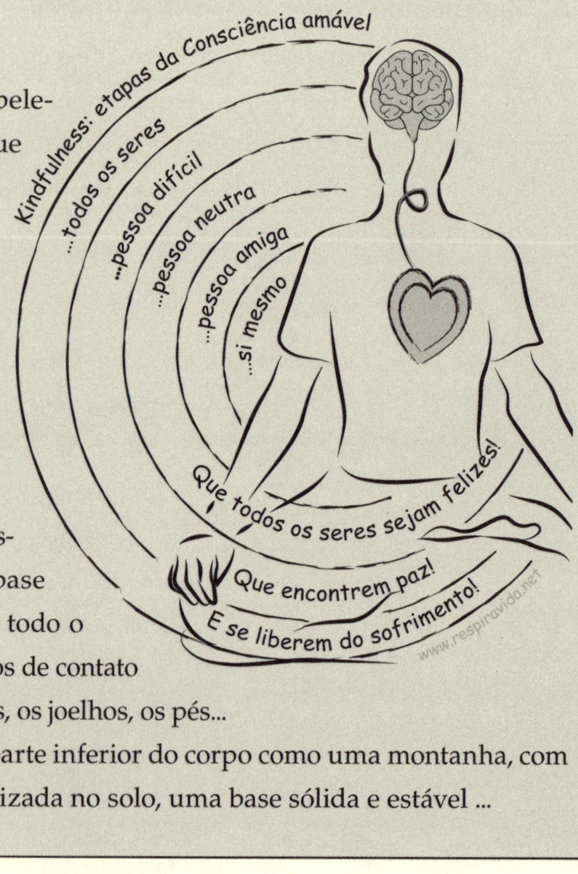


Começamos estabelecendo uma postura que propicie a prática da meditação.

Sentado em uma cadeira ou sobre almofadas com as pernas cruzadas ou em um banco na postura sobre os joelhos. É importante estar confortável e ao mesmo tempo criar uma base estável, para distribuir todo o peso do corpo nos pontos de contato como o chão – os glúteos, os joelhos, os pés...

A ideia é sentir a parte inferior do corpo como uma montanha, com uma base ampla e enraizada no solo, uma base sólida e estável ...

**Amabilidade para si mesmo (primeira etapa)**

Comece sintonizando com a respiração ... Note o ar entrando e saindo do corpo ... Observe especialmente a sensação de "soltar" ou "deixar ir" que ocorre quando você expira ... Você pode imaginar que cada expiração é como uma onda de calma e quietude que percorre todo o seu corpo ...

E nos próximos minutos vamos desenvolver a amabilidade consigo mesmo de uma maneira um pouco mais específica ...

Podemos usar frases como "Que eu esteja bem", "Que eu seja feliz", "Que eu me libere do sofrimento", etc. ...

Podemos usar a respiração ... inalando a amabilidade do Universo ... exalando e permitindo que esses desejos amáveis impregnem todo o nosso ser ... o balanço da respiração nos mexendo suavemente ...

Podemos imaginar um sol quente no coração irradiando calor e amabilidade para todo o nosso ser ...

Podemos fazer o gesto amável que o conforta, talvez colocando as mãos sobre o peito ou sobre o abdome ...

**Amabilidade para um amigo (segunda etapa)**

Traga à sua mente um amigo ou amiga ... e permita que um sentimento caloroso entre vocês cresça da maneira que lhe for mais adequada ...

Talvez pense em uma qualidade particular que seu amigo tem e que você gosta ... Lembre-se de um momento muito bom que você e ele, ou ela, passaram juntos ... Use as frases: "Que essa pessoa[14] esteja bem, seja feliz, encontre paz e beleza em sua vida, que se libere do sofrimento" ... Explore dizer essas frases com alguma convicção e perceba a resposta que surge em seu coração ao fazer isso.

Você pode usar a respiração ou a imagem do sol ... imaginando um abraço amável com ele ou ela ...

14 Às vezes é apropriado dizer o nome da pessoa em questão.

Lembre-se de permitir que a amizade ... a amabilidade ... e o calor dele ou dela venham até você ... para que você experimente todas essas intenções como algo mútuo ...

Usando a respiração como uma âncora ... traga a sua mente de volta toda vez que ela vagar ...

E se nada surgir, não tem problema – nosso coração tem seu próprio tempo e a maneira de responder ...

**Amabilidade para uma pessoa neutra (terceira etapa)**

Na terceira etapa desta meditação, trazemos à mente uma pessoa a quem chamamos de neutra ou indiferente ...

É útil escolher alguém que você está acostumado a ver, assim poderá se centrar melhor nele ou nela e nos sentimentos que evoque ...

Alguém que não lhe desperta rejeição nem atração, que como todas as pessoas deseja ser feliz e comete erros ...

Traga a presença dela da forma mais clara e vívida que você puder imaginar ...

Observe no seu corpo e na mente quais são as sensações que surgem em resposta à presença dela, sem julgar, apenas percebendo ...

Nesta etapa, a chave é manter a atenção continuamente centrada nessa pessoa para que possamos despertar gradualmente um senso de curiosidade e empatia por ela ...

E como nas etapas anteriores, utilize as frases para cultivar uma atitude amável de bons desejos para essa pessoa, com intencionalidade: "Que seja feliz, que encontre paz e tranquilidade na vida, que se libere do sofrimento" ... lembrando que o desejo dela de ser feliz é idêntico ao seu ...

Se esta etapa for difícil para você, não tem problema. Estamos mudando hábitos de como nos relacionamos com os outros, hábitos muitas vezes profundamente enraizados no coração e que precisam de criatividade e muitas vezes de várias tentativas para transformá-los ...

**Amabilidade para uma pessoa com quem você tem dificuldade (quarta etapa)**

Antes de iniciar a quarta etapa, convido-o a rever sua postura, fazendo pequenos ajustes para ficar confortável e relaxado. Sintonize novamente com a sua respiração no corpo.

Volte à prática, acrescentando a pessoa que acha difícil ou com quem experimenta um conflito, medo, rejeição ou ressentimento.

Se achar oportuno, reflita sobre estas palavras de R. M. Rilke: "Talvez todo o terrível seja em seu mais profundo ser algo que necessite do nosso amor".

Pode ser um desafio simplesmente pensar ou trazer de novo a imagem dessa pessoa à sua experiência ... convido-o a tentar o melhor que puder ...

Enquanto traz a presença dela, procure ficar em contato com a respiração e o corpo. Esteja alerta a qualquer tensão ou sensação de fechamento que surgir; tente soltar usando a respiração como puder ...

Quando você se distrair, simplesmente volte para a imagem dessa pessoa ...

Ela, como você, está respirando e não quer sofrer, igual a você.

Reflita que, embora neste momento você a considere difícil, as coisas podem mudar. Ou, se ela estivesse feliz, seria diferente do que é agora, e você poderia ter empatia mais facilmente ...

"Que seja feliz, que encontre paz e sossego em sua vida, que se libere do sofrimento" ...

Observe quaisquer sentimentos ou pensamentos que surgirem ... retorne às sensações do corpo, às sensações da respiração ...

Se você se abrir para a dor do ressentimento, medo, ciúme, etc., pode trazer sua amabilidade e permitir que surja a autocompaixão ...

Se perceber que é complicado, volte novamente para si mesmo e se ofereça carinho ... "Que eu possa estar bem ... que eu supere a dificuldade com essa pessoa ... que eu possa oferecer a mim o carinho que preciso neste momento difícil" ...

Fique aí oferecendo amabilidade a si mesmo pelo tempo que precisar. E quando se sentir pronto, pode se conectar com a pessoa que acha difícil novamente. Ofereça carinho a você e à pessoa que considera difícil alternadamente. Atendendo a sua necessidade ...

Lembre-se de que você não está tentando mudá-la. E não espere que surjam sentimentos avassaladores de bondade para com ele ou ela.

Você pode se perguntar: Quem sofre com essa raiva? ...

Confie neste coração amável e terno que você está cultivando e seja flexível quanto aos resultados da prática; é um processo e pode levar tempo ...

**Amabilidade para todos os seres (quinta etapa)**

E chegamos à última etapa.

Convidamos à nossa mente a presença das quatro pessoas com as quais meditamos nas etapas anteriores: você mesmo, o amigo, a pessoa neutra e a pessoa que achamos difícil. Sinta a respiração enquanto busca um senso de conexão equânime com elas quatro.

*Metta* é amor incondicional que flui para todos os seres sem discriminação. "Que todos sejamos felizes, que encontremos paz e tranquilidade na vida, que nos liberemos do sofrimento" ...

Inclusive notando que ao mesmo tempo ainda surgem as suas tendências de preferir uma pessoa à outra, ou de se fechar. Não tem problema; é normal que surjam.

Quando cultivamos *metta*, estamos tentando cultivar uma qualidade elevada e ideal e já sabemos que isso não acontecerá de um dia para o outro, pois é preciso tempo e paciência consigo mesmo ...

E agora vamos estender essa atitude de *metta*, de amor incondicional, de bondade, de solidariedade e empatia para com todos os seres ...

Lentamente, direcione para a rua onde está, para o seu bairro, para a sua localidade ... O sentimento de *metta* tem uma tendência natural de se expandir, de irradiar, de chegar a todos os seres ...

Deseje que todos os seres, conforme os encontre em sua meditação, sejam felizes. Você pode pensar em todos os tipos de pessoas, em todos os tipos de raças, de culturas ...

Sete bilhões de pessoas ... respirando, vivendo ...

Nos detalhes parecemos muito diferentes, mas se olharmos para as nossas emoções mais básicas, somos muito parecidos ...

Todos nós compartilhamos as mesmas tendências de rejeitar a dor e de nos apegar ao prazer ... Todos desejamos ser felizes, ninguém quer sofrer ...

"Que todos os seres sejam felizes, que encontrem paz e tranquilidade na vida, que se liberem do sofrimento" ...

Convido-o a imaginar a amabilidade, a bondade se expandindo como se fosse uma luz dourada e quente, que irradia do seu coração. Essa luz gradualmente chega a todos os seres e cria em você uma sensação de conexão com toda a humanidade ...

Logo vamos concluir esta meditação. Antes, porém, vamos reservar um pequeno espaço de tempo para ficar sem fazer nada, simplesmente sentados, desfrutando dessa maneira íntima de estar consigo mesmo ...

Tome o tempo que for necessário para começar lentamente a se mover, e a conectar-se com o corpo da maneira que achar apropriada para você neste momento ...

Tentando levar os frutos da prática para tudo o que fizer de agora em diante ...

## APRENDER A EVITAR O FUNIL DA EXAUSTÃO

Você provavelmente conhece esta síndrome: sua vida está indo bem, mas aí algo acontece: você está com muito trabalho, alguém da família fica doente ou você termina um relacionamento. E aí pensa: "Não posso continuar fazendo o que costumo fazer durante a semana. Então vou desistir de alguma coisa. Mas de quê?". Normalmente a primeira coisa que abandonamos é aquilo que não é essencial, aquilo que não vai decepcionar ninguém – ir à academia, ouvir música, visitar um amigo, assistir a um filme, ler um livro. Em outras palavras, aquilo de que você gosta, que o enriquece e que o faz feliz por estar vivo.

No fim da semana nos sentimos um pouco mais estressados, porque não fizemos as coisas que nos ajudam e nos alimentam, embora continuemos com todas aquelas outras que nos esgotam e estressam. Portanto, decidimos que teremos de deixar outra coisa de lado esta semana. Qual? Outra coisa de que gostamos, para não decepcionar ninguém, nem falhar. Como resultado, no fim da semana seguinte nos sentimos mais exaustos, então deixamos algo mais... assim já se pode ver para onde caminha a situação...

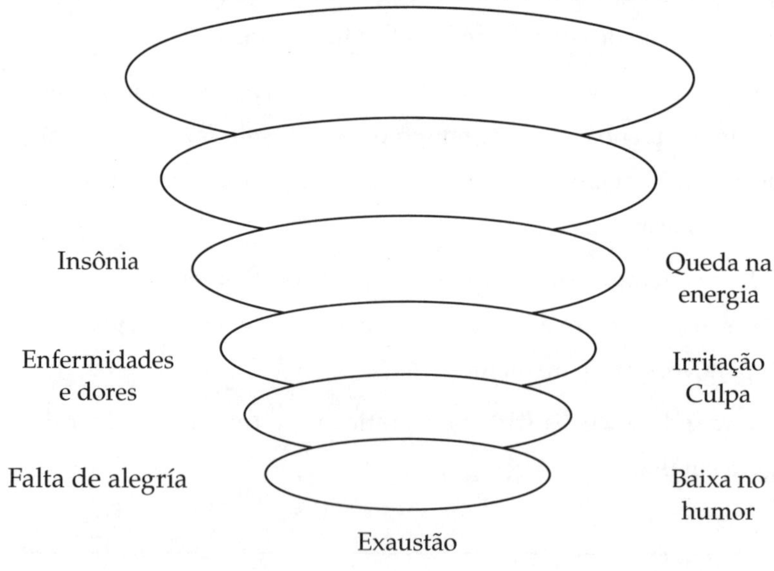

O diagrama da página anterior foi desenvolvido pela professora Marie Åsberg, do Instituto Karolinska de Estocolmo (Williams e Penman, 2011). Ela é expert em *burnout* (síndrome do esgotamento profissional) e usa o funil da exaustão para demostrar o que pode acontecer a qualquer um de nós. O anel superior mostra uma vida plena, com trabalho, família, amigos, hobbies, interesses, etc. O anel inferior é uma vida que foi reduzida a meramente fazer as coisas que nos mantêm vivos – trabalhar, limpar, fazer compras, etc. – e, se formos descuidados, cairemos do anel inferior para o próximo, e para o próximo, até chegarmos ao fundo, completamente exaustos – em *burnout*. A professora Åsberg sugere que aqueles que caem no funil da exaustão provavelmente são trabalhadores muito escrupulosos, cujo nível de confiança em si (autoconfiança) está relacionado ao seu desempenho no trabalho e que muitas vezes são vistos como os melhores trabalhadores, não como preguiçosos. Embora a professora, neste caso, se refira ao trabalho, pode-se perceber que isso é facilmente aplicável a outras situações, como com os amigos e familiares.

Convidamos você a parar um pouco para pensar sobre as coisas que o sustentam e as atividades de que gosta e que são edificantes na vida. Escreva-as na coluna da esquerda.

Agora considere quais são as coisas em sua vida que tendem a drenar sua energia, as quais você não aprecia e que o esgotam. Escreva-as na coluna da direita.

| ATIVIDADES QUE SUSTENTAM | ATIVIDADES QUE ESGOTAM |
|---|---|
| | |

Agora que já refletiu sobre quais são as coisas que o sustentam e quais o esgotam... quais estão mais presentes? Não é só uma questão de número, é também uma questão de tempo, pois geralmente as atividades que esgotam não ocupam muito tempo. É um pouco mais intuitivo... Você acha que sua vida tem bastante satisfação e alegria? Se não, há uma maneira de reduzir as atividades esgotantes e aumentar as sustentadoras? Existe algum item na sua lista de atividades que sustentam que você parou de fazer ou que costuma ficar muito tempo sem fazer? Se sim, pode trazê-las de volta à sua vida? Ou pode transformar uma atividade que esgota em uma atividade que sustenta? Por exemplo, se você não gosta de fazer tarefas domésticas, pode encontrar uma maneira de torná-las mais agradáveis?

## MINDFULNESS EM AÇÃO 7: REFLITIR SOBRE AS SUAS RELAÇÕES SOCIAIS

*O amor é uma efusão momentânea de três*
*fatos inextricavelmente associados*
*entre si: primeiro, compartilhar com*
*outra pessoa uma ou mais emoções positivas;*
*segundo, sincronizar com ela sua bioquímica*
*e comportamento; e terceiro, refletir*
*a motivação para se interessar por ela,*
*o que resulta em interesse mútuo.*
*Eu chamo esse trio de ressonância de positividade.*

B. Fredrickson

Esta proposta convida você a refletir, ao anoitecer, sobre as três interações sociais mais significativas que teve durante o dia, e a se perguntar o quão "conectado" e "sintonizado" se sentiu com aqueles com quem interagiu – familiares, amigos, colegas de trabalho ou desconhecidos. Em si, o simples fato de refletir se os seus momentos potenciais de ressonância de positividade se tornaram realidade parece funcionar como um lembrete da sua capacidade de amar, sempre presente.

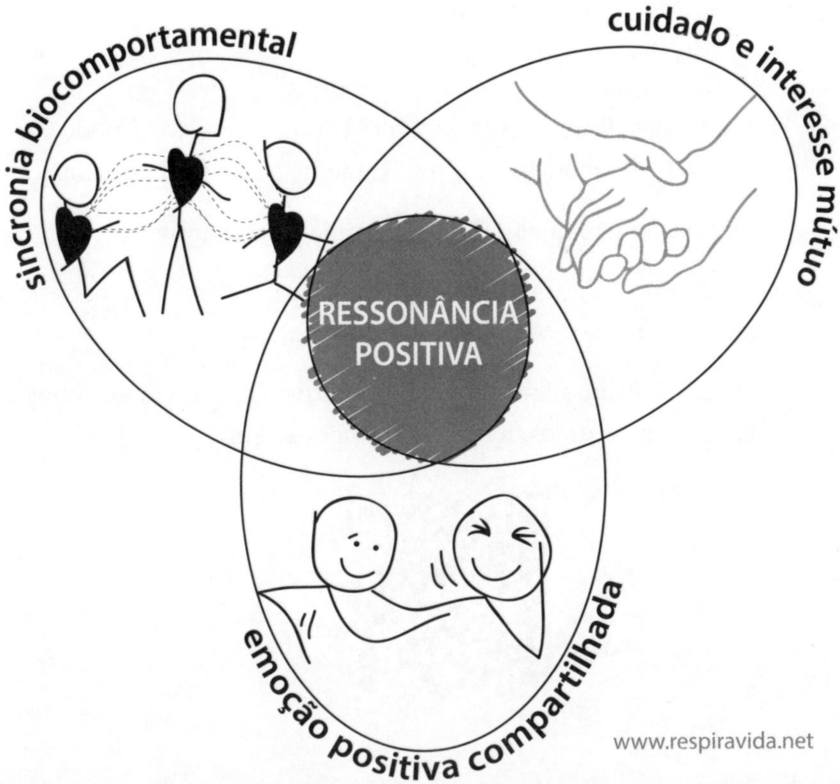


Em um estudo realizado pelo grupo de pesquisa de Fredrickson (2015), introduziu-se como tarefa a breve reflexão noturna mencionada no parágrafo anterior. Originalmente era para rastrear diferenças entre grupos nas experiências de contato social dos participantes. Esperava-se que, em comparação com os membros do grupo de controle, aqueles que foram designados aleatoriamente para aprender a meditar sobre a amabilidade relatassem mais contatos sociais diários e mais emoções positivas. E assim foi. O que eles não esperavam era que o grupo de controle, daqueles que apenas responderam às pesquisas diárias sem aprender a meditar sobre a bondade, também apresentasse aumento com o passar do tempo em contatos sociais e emoções positivas (Fredrickson, 2015).

## TAREFAS PARA A SEMANA 7

**Meditação:** Esta semana você tem várias opções. Você pode fazer as seguintes práticas progressivamente ao longo da semana:

Meditação 10: Amabilidade para uma pessoa amiga;

Meditação 11: Amabilidade para todos os seres – a consciência amável – prática completa em cinco estágios.

O áudio está no seguinte endereço: https://respiravidabreathworks.com.br/recursos/livro-kindfulness-stress/

**Mindfulness em ação 7**: Refletir sobre as suas relações sociais. Durante esta semana, ao fim de cada dia, recorde as três interações sociais mais longas que teve. Lembre-se especialmente do grau de "sintonia" e "proximidade" que experimentou com cada uma.

**Caminhada com atenção consciente**: Faça ao menos durante cinco dias. Enquanto você tiver sua atenção focada no corpo, na respiração, no movimento, permita-se incluir outros aspectos que vêm à sua experiência, como pessoas, sons, objetos que o cercam, a paisagem, etc. Preste especial atenção em como você pode expressar amabilidade/*metta* para as pessoas ou situações que encontrar pelo caminho.

# SEMANA 8

## UMA ESPIRAL POSITIVA PARA FLORESCER

*De tudo ficaram três coisas:*
*a certeza de que ele estava sempre começando,*
*a certeza de que era preciso continuar*
*e a certeza de que seria interrompido*
*antes de terminar.*
*Fazer da interrupção um caminho novo.*
*Fazer da queda um passo de dança,*
*do medo, uma escada,*
*do sonho, uma ponte,*
*da procura, um encontro!*

FERNANDO SABINO

A frase atribuída a Albert Einstein – "A mente é como um paraquedas; se não abre, não funciona" – certamente reforça o tema que veremos agora. Barbara Fredrickson, da Universidade da Carolina do Norte, e sua equipe de pesquisa realizaram um interessante estudo utilizando a meditação *loving kindness* (*mettabhavana*) como forma de intervenção, que deu origem à "teoria da ampliação e construção" (Fredrickson, 2011). Algumas das conclusões relacionadas a essa teoria é que as emoções positivas, apesar de surgirem e terem efeito mais lento no corpo e no cérebro (ao contrário das negativas, que têm efeito de urgência), têm a vantagem de gerar maior abertura e percepção mais ampla do que está acontecendo. Essa amplitude mental nos permite avaliar adequadamente os recursos de que dispomos e nos permite fazer melhores escolhas. As emoções positivas facilitam uma ampliação das possibilidades de atenção, cognição e ação, e uma melhora dos recursos físicos, intelectuais e sociais (construção). A pessoa se torna mais criativa, mostra um conhecimento mais profundo das situações, mais resiliência e se torna socialmente mais bem integrada (transformação).

A progressão de causas e efeitos concatenados – ampliação-construção-transformação – sustentada ao longo do tempo conduz a uma espiral ascendente, que por sua vez faz com que se experimentem novas emoções positivas que podem levar ao florescer. Segundo a mesma autora, o florescimento é definido como sentir-se plenamente vivo, ser criativo e resiliente (capaz de ultrapassar as adversidades), sentir que crescemos e que temos um impacto positivo no ambiente.

## DO FUNIL DA EXAUSTÃO À ESPIRAL DO FLORESCIMENTO

O diagrama do funil da exaustão, que vimos na semana passada, ilustra graficamente o que acontece conosco se não cuidarmos de nós mesmos e se não treinarmos a mente e o coração. No entanto, é uma perspectiva limitada, porque sugere que o melhor que podemos esperar é nos contentarmos com o "bom". Mas, assim como podemos cair no funil da exaustão, podemos ascender e criar outro tipo de funil com a prática da atenção consciente e kindfulness.

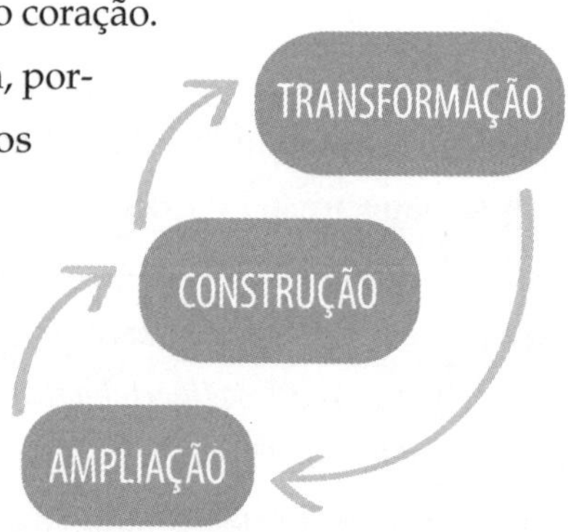


**Transformando-se na melhor versão de si mesmo**

Queremos finalizar este livro com um diagrama que ilustra uma espiral virtuosa, desde meramente estar "bem", lidando com a vida em um nível básico, até florescer, respondendo criativamente a qualquer coisa que a vida apresente. Assim como o funil de exaustão se reduz à medida que nossa energia diminui e nossas opções vão se fechando, a espiral virtuosa florescente se amplia à medida que avançamos. Quanto mais conscientes estamos, mais opções temos sobre nossos estados mentais e emocionais, mais liberdade interior temos.

Claro, você não chega ao topo da espiral e fica lá; você sobe e desce, às vezes se sentindo muito bem e outras vezes oprimido pelo peso das responsabilidades da vida. Mas, em geral, se continuar a cuidar de si mesmo e a praticar, é mais provável que esteja em algum lugar da espiral do que na superfície escorregadia do funil da exaustão.

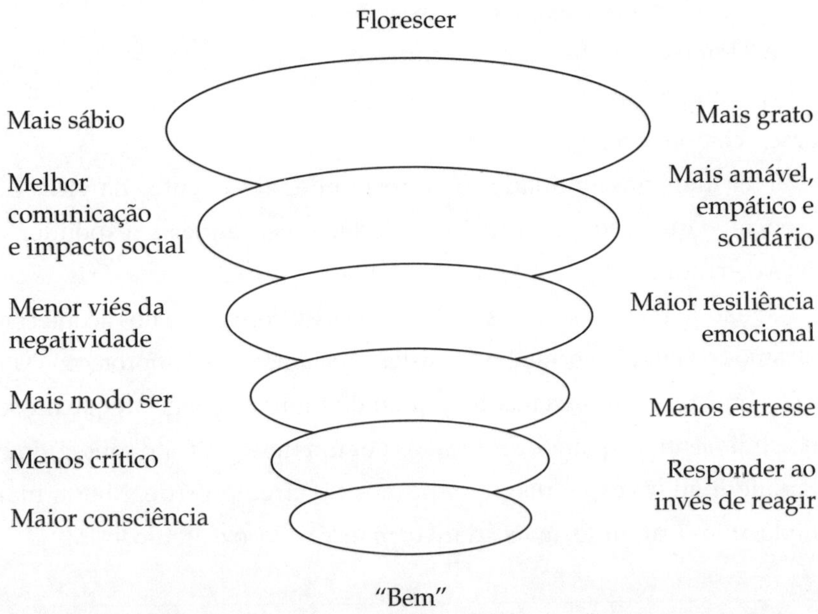


## ESCOLHER RESPONDER AO INVÉS DE REAGIR

*Você tem duas possibilidades:*
*ou muda o mundo ao seu redor ou muda a si mesmo.*
*O segundo é difícil, mas o primeiro é impossível.*
U. SANGHARAKSHITA

Todas as práticas que você aprendeu neste curso foram selecionadas para lhe dar um maior senso de escolha. Leve em consideração todas as pequenas atividades que o encorajamos a fazer a cada semana: escolher fazer algo conscientemente ao invés de fazer sem consciência, optar por

## 6 A ESCOLHA

*Responder ao invés de reagir*

fazer algo devagar e não com a rapidez usual, decidir fazer pausas, escolher aceitar algo difícil, preferir perceber e desfrutar as coisas boas que acontecem, escolher incluir tudo o que acontece em uma perspectiva mais ampla. Nem sempre podemos escolher o que acontece conosco ou o modo como as outras pessoas se comportam, mas podemos aprender a ter mais possibilidades para responder aos eventos da vida. Em essência, o que isso significa é que podemos aprender a responder ao invés de reagir.

Quando reagimos a pessoas, situações ou coisas que nos acontecem, entramos no círculo vermelho – o sistema de ameaça e autoproteção. Nosso cérebro ativa a mesma reação de lutar ou fugir (ou congelar) que nossos ancestrais sentiam quando ameaçados por um tigre. Quando conseguimos responder ao invés de reagir, entramos no círculo verde. Maior, mais amplo, mais tranquilo, mais criativo, mais caloroso e afetuoso.

Da próxima vez que se sentir irritado, proponha-se a dar um passo atrás em sua reatividade; tire alguns segundos para respirar e se permitir ficar com isso. Não é fácil. Dependendo da intensidade da sua reação, às vezes você conseguirá, outras vezes não. Tudo bem; é uma prática. Se fosse fácil, você não precisaria praticar. Nas ocasiões (haverá muitas) em que não conseguir se desprender da sua reação, você precisará ser cuidadoso e não reagir ao fracasso ("Idiota, você falhou de novo", etc.). Cuide para que o seu crítico interno não tenha um daqueles dias. Em vez disso, lembre-se de que seu cérebro, como o de todo mundo, é projetado assim. Evoluiu para reagir com raiva, medo, evitação, etc. ante as ameaças; por isso reagir é natural.

O poema de Portia Nelson, "Autobiografia em cinco capítulos curtos", descreve brilhantemente os fracassos que todos nós experimentamos ao tentar deixar de lado as reações habituais e escolher responder.

**Autobiografia em cinco capítulos curtos**

*Capítulo Um*
*Ando pela rua.*
*Há um buraco fundo na calçada*
*Caio nele.*
*Estou perdido... sem esperança.*
*Não é culpa minha.*
*Leva uma eternidade para eu encontrar a saída.*

*Capítulo Dois*
*Ando pela mesma rua.*
*Há um buraco fundo na calçada.*
*Mas finjo não vê-lo.*
*Caio nele de novo.*
*Não posso acreditar que estou no mesmo lugar.*
*Mas não é culpa minha.*
*Ainda leva muito tempo para sair.*

*Capítulo Três*
*Ando pela mesma rua.*
*Há um buraco fundo na calçada.*
*Vejo que ele está lá.*
*Ainda assim caio... é um hábito.*
*Meus olhos estão abertos*
*Sei onde estou.*
*É minha culpa.*
*Saio imediatamente.*

*Capítulo Quatro*
*Ando pela mesma rua.*
*Há um buraco fundo na calçada.*
*Dou a volta.*

*Capítulo Cinco*
*Ando por outra rua.*

Todas as meditações deste curso vão auxiliá-lo a cultivar recursos internos de consciência, calma, clareza e amabilidade, recursos que vão ajudá-lo a soltar o modo reativo e a desenvolver o modo responsivo. Continue assim ao longo do tempo o máximo que puder. E aí mesmo, em meio à sua vida, você pode tentar fazer isso nas circunstâncias mais difíceis: alguém o empurra na fila, sua impressora não funciona bem na hora que mais precisa, um familiar tem uma atitude grosseira com você, seu carro estraga, chega um e-mail da companhia de eletricidade informando que vão aumentar os preços, alguém no trabalho olha com desdém para uma tarefa que você fez, está chovendo de novo! Uma lista interminável, não? Existem muitas oportunidades para praticar! A boa notícia é que, quanto mais praticar, mais fácil se torna. Ao estimular os substratos neurais de calma, satisfação e contentamento (o círculo verde), eles são fortalecidos. Isso diminui a probabilidade de se sentir irritado. De acordo com Hanson (2013), é possível desenvolver uma predisposição para o positivo neutralizando o viés da negatividade.

Para se habituar a soltar o modo reativo, você pode começar escolhendo com antecedência responder de maneira diferente quando se encontrar em uma situação difícil, à qual geralmente reagiria. Assim que começar a tomar decisões em circunstâncias mais fáceis, vai se sentir livre para decidir agir de uma maneira diferente, e isso abre caminho (novas rotas neurais são abertas) para responder a situações nas quais normalmente você reagiria.

A seguir estão algumas sugestões do que pode decidir fazer: seguir um caminho diferente para o trabalho; dizer olá para alguém que você geralmente ignora; enquanto caminha, olhar para o céu também; fazer um elogio para uma pessoa que lhe parece difícil; ser gentil sem motivo (não precisa haver motivo); comprar um presente para alguém mesmo sem ser Natal nem seu aniversário; desligar a TV e ler um livro; ser paciente com os defeitos de outra pessoa em vez de criticá-la; ser paciente com seus próprios defeitos em vez de se criticar duramente.

Escolha a vida que deseja.

## MINDFULNESS EM AÇÃO 8: PRATICAR A GRATIDÃO

*Dizer "obrigado" é a melhor oração que alguém pode fazer.*
*Eu digo muitas vezes.*
*Expresse gratidão, humildade e compreensão.*

ALICE WALKER

É natural que à medida que progredimos e nos aprofundamos na prática de atenção consciente e kindfulness, desenvolvemos um maior sentido de gratidão à vida, às pessoas e ao mundo em que vivemos.

Os dicionários definem gratidão como um reconhecimento ou estima do benefício que recebemos ou que tentaram fazer por nós. Em um ensinamento atribuído ao Buda, a gratidão (*katañuta*) também é descrita como um reconhecimento do benefício que nos foi feito ou desejado fazer. Podemos ver que essas definições enfatizam o conhecimento ou a compreensão. Cultivar a gratidão tem enormes benefícios e, se for sentida, ainda melhor. Mesmo que você não a sinta, cultivá-la também pode ser um sinal de maturidade e sabedoria diante da vida.

Uma maneira efetiva de cultivar a qualidade da gratidão provém do livro sobre comunicação não violenta (Rosemberg, 2006), no qual se distinguem três componentes da expressão da gratidão:

1. as ações que contribuíram com o nosso bem-estar;
2. as nossas necessidades específicas que foram satisfeitas;
3. os sentimentos agradáveis que são o resultado da satisfação das necessidades.

"Isso é o que você fez; isso é o que eu sinto; essa é a minha necessidade satisfeita."

Gratidão é uma emoção positiva que se relaciona com atenção consciente e kindfulness, especialmente com uma das quatro qualidades sublimes: *mudita*, ou alegria empática. A prática da gratidão ajuda-nos a ter mais consciência daquilo que a vida nos dá todos os dias a que muitas vezes não damos valor. Uma prática de gratidão autêntica requer a consideração de vários elementos: nos alegrarmos por receber e, ao mesmo tempo, nos alegrarmos por nosso benfeitor. Como diz um poeta, nos alegrarmos por manter vivo o fluir da vida.

A gratidão ajuda a nos conectarmos com o momento presente, desativando o modo piloto automático da mente, deixando em segundo plano os pensamentos sobre o que poderia ser ou o que será. É também um antídoto poderoso para estados mentais e emocionais negativos. Um coração grato tenderá naturalmente a se inclinar para a amabilidade e o altruísmo.

Por meio da gratidão e do apreço, podemos desenvolver um sentimento de maior satisfação. Portanto, podemos dizer que a gratidão é uma qualidade que favorece a rede neural do cérebro que estimula a sensação de satisfação, plenitude e calma (círculo verde). Além disso, tem um papel social e desperta a generosidade e a solidariedade, pois nos faz romper o isolamento e nos torna mais conscientes de que estamos constantemente participando da interconexão que existe entre todos os seres e elementos da vida, de que nada existe de maneira separada.

A gratidão nos motiva a agir de maneira ética (McCullough, 2001) e pode ser uma espécie de barômetro do reconhecimento do comportamento hábil ou ético. As pessoas que se sentem gratas são mais inclinadas a ajudar os outros, ou seja, tornam-se mais solidárias. A gratidão atua e reforça as ações éticas (traz reforço positivo a quem agiu, pois quando nos agradecem temos maior predisposição a repetir a ação hábil).

Dois pesquisadores (Emmons e McCullough, 2003) formaram vários grupos aleatoriamente que tinham a tarefa de escrever um diário pessoal por duas semanas. Um grupo registrou os eventos pelos quais eram gratos, o outro grupo registrou as complicações e o terceiro, as atividades diárias realizadas. A alegria, a satisfação com a vida e a felicidade dispararam no grupo dos participantes agradecidos.

## O diário da gratidão

Encorajo-o nesta última semana do curso a comprar, ou fazer, um caderno bonito de um papel que lhe agrade e que seja especial para você. Escolha um momento em que esteja tranquilo e sozinho. Escreva uma lista de pelo menos quinze coisas que você recebeu e pelas quais é grato. Inclua qualquer coisa que vier à mente. Tente ser específico sobre as razões pelas quais é grato a uma pessoa em particular. E então, pelo resto da semana, veja se consegue adicionar itens à lista. Talvez você pense especialmente em seus pais, seus professores, seus mentores, todos aqueles que o ajudaram de uma forma ou de outra. Ao fim da semana leia novamente a lista; leia devagar cada um dos itens, trazendo essas pessoas à mente.

## Meditação 12: Pausa de gratidão[15]

Esta é uma prática breve para expressar gratidão em qualquer momento do seu dia.

A gratidão está diretamente relacionada à nossa capacidade de sentir satisfação. Alguém disse que, se todos adotassem uma atitude de agradecimento, nosso sistema econômico se transformaria em pouco tempo.

A "abundância" não tem a ver com o que você possui, mas com aquilo a que se conecta. A gratidão é a chave que permite nos conectarmos com a sensação de satisfação, plenitude e riqueza.

Convido-o a deixar de fazer o que está fazendo, a sentar-se ou ficar de pé, como preferir, sentindo o corpo e a sua conexão com o solo, talvez com os olhos levemente fechados ... permitindo-se sentir como está neste momento ...

Observe sua respiração ... como a sente? Quais partes do seu corpo se movem quando você respira? ... Respiramos 22 mil vezes ao dia, mas de quantas você está realmente consciente? ...

Convido-o a juntar as palmas das mãos, na altura do peito ... tente não contrair os ombros ao fazê-lo. Você pode imaginar que, entre as suas mãos, existe algo frágil e lindo, algo que você precisa cuidar e segurar com graça e delicadeza ...

Embora este gesto tenha muitos significados, queremos agora destacar o aspecto de apreço e de gratidão ...

"Minha experiência em mindfulness me tornou mais receptivo a experimentar a vida como uma bênção, como um presente, que merece toda a minha reverência, toda a minha gratidão" ... Se preferir, pode colocar as mãos no colo novamente ...

Convido-o a tomar consciência de alguns motivos, pessoas, acontecimentos, coisas que você aprecia e valoriza na sua vida ...

15 Na seção de tarefas correspondente a esta semana, está a URL do áudio desta prática.

Não é necessário se esforçar para pensar muito; podem ser coisas simples como uma conversa recente em que se sentiu ouvido, um passeio com uma pessoa amiga, ter respondido generosamente a alguém ...

E toda vez que se lembrar de algo que aprecie, cultive a gratidão. Convido você a dizer amavelmente e em silêncio "obrigado", seguido do motivo, acontecimento ou pessoa a quem deseja expressar gratidão ...

Até mesmo algumas experiências ou pessoas que você acha difíceis podem ser objeto de gratidão, pois podem ter sido – ou têm potencial para se tornarem – oportunidades de aprendizado e crescimento ...

Toda vez que se lembrar de algo pelo que deseja agradecer, simplesmente diga em silêncio com uma atitude amável e apreciativa "obrigado", seguido do motivo, evento ou pessoa a quem deseja expressar gratidão ...

Aos poucos vá se reconectando com o corpo e a respiração ...

Explorando o efeito que esta prática produz na sua experiência, que sensações, sentimentos ela deixa em você? Como percebe o corpo, o rosto? Talvez você descubra que surgiu um suave sorriso ...

É possível que, depois de praticar esta meditação, você se sinta mais relaxado, mais satisfeito e em contato consigo mesmo e com o mundo ...

Aproveite o tempo que for necessário para concluir esta prática e traga uma atitude amável e de gratidão a tudo o que fizer em seguida...

## Meditação 13: Kindfulness caminhando

A meditação caminhando é uma forma de estender a atenção consciente e a amabilidade à nossa vida diária, à nossa interação com os outros.

Enquanto você caminha, por que não substituir as divagações mentais por atividades mentais simples que aumentam a capacidade de se conectar com as demais pessoas, ou sendo compassivo com o sofrimento delas, ou celebrando seu bem-estar.

Qualquer pessoa que passar por você pode ser um excelente alvo para a sua prática informal... Observe os sinais não verbais e os detalhes corporais dela, por mais sutis que sejam, e comece a sintonizar com os outros, com o mundo, a partir da amabilidade e da humanidade compartilhada...

Sugiro que ouça o áudio antes de começar, talvez em um parque ou uma praça, um lugar seguro onde possa assimilar as instruções.

Começamos estabelecendo uma motivação para esta prática: pode ser o desejo de que todos os seres sejam felizes, incluindo você mesmo. Permita que esse desejo impregne sua respiração, seu coração ...

**Antes de começar, fique de pé, quieto por um momento, ancorando sua atenção no corpo e na respiração.** Tenha consciência de si mesmo nessa postura vertical, do seu peso, do contato com o solo. Observe qualquer tensão presente e, tentando soltá-la, suavize o corpo. Permita que mãos e braços caiam ao lado do corpo ...

**Quando estiver pronto, comece a andar**: lembre-se de caminhar de maneira natural, apenas tentando estar o mais presente possível ao fazê-lo. Sinta as sensações do corpo, talvez notando a pressão dos pés no chão ou o ar no rosto. Caminhe em ritmo normal, incluindo um elemento de elegância e fluidez em sua caminhada ...

Respire naturalmente: ao inspirar, sei que estou inspirando; ao expirar, sei que estou expirando ...

Depois de alguns passos, você pode começar a dizer a si mesmo: "Que eu esteja seguro, que seja feliz, que esteja saudável!" ...

Quando perceber que a mente começou a divagar, volte suavemente às frases. E se se pegar muito distraído, volte à respiração e às sensações corporais ao caminhar ...

Traga a esta meditação caminhando uma atitude de gratidão a seus pés por sustentarem todo o seu corpo. Sorria; um sorriso suave infundirá calma e prazer em seus passos e na respiração e o ajudará a permanecer atento ... Observe se há alguma reverberação de seu sorriso no espaço ao redor ...

Caminhe amavelmente, como se a cada passo houvesse algo novo a descobrir; cada passo, como cada respiração, é único e irreproduzível ...

Traga uma curiosidade amável a todas as pessoas que encontrar pelo caminho ...

Uma vez que os estados emocionais estão intimamente relacionados à corporalidade, busque a posição mais adequada para espalhar a amabilidade: abertura do peito, mandíbula relaxada, ombros soltos ...

Lembre-se de que todo ser vivo deseja viver em paz e ser feliz. Conecte-se com esse desejo profundo: "Assim como todos os seres desejam ser felizes e estar livres do sofrimento, que eu seja feliz e livre do sofrimento".

Quando você se deparar com alguém, ou alguém captar sua atenção, diga a si mesmo: "Que você e eu estejamos seguros, que você e eu sejamos felizes, que você e eu nos liberemos do sofrimento!" ...

Você poderá começar a notar um sabor de ressonância vivificante, de sincronia entre você e o que o cerca ... Pequenas faíscas sutis podem estar surgindo ... Saboreie-as, receba-as amavelmente ...

Quando se deparar com alguém de quem goste, ou de quem não goste, ou de quem não goste nem desgoste, diga a si mesmo: "Que você e eu estejamos seguros, que você e eu sejamos felizes, que você e eu possamos nos liberar do sofrimento!" ...

Lembrando tudo o que compartilhamos como seres humanos, nossas tendências emocionais básicas de rechaçar a dor e apegar-nos ao sofrimento ...

Como você sabe, o amor incondicional – *metta* – tem a capacidade de impregnar a mente de confiança e iniciativa. A amabilidade – *metta* – tem uma qualidade expansiva, de impregnar, irradiar e ir cada vez mais longe ...

E agora, em seu próprio tempo, inclua em seu círculo de amabilidade outras formas de vida que você perceber no caminho, por exemplo, animais de estimação, insetos, plantas ... Que todos os seres sejam felizes! ...

Esses bons desejos não são uma forma de pensamento mágico ... Você não precisa acreditar que os seus desejos percorrem o mundo para mudá-lo; é sobre você mudar o seu, condicionar o seu coração, para que seja caloroso, aberto e atento a cada nova pessoa que cruze o seu caminho.

Que todos os seres se sintam seguros e protegidos.
Que todos se sintam felizes e em paz.
Que todos se sintam saudáveis e fortes.
Que todos vivam tranquilos.

Ao praticar, direcione a atenção para a área do coração. Note qualquer nova sensação no corpo, rosto ou respiração ...

Quando estiver pronto, você pode concluir esta meditação caminhando. Logo depois, convido-o a permanecer quieto por um momento ...

Você se lembra de como estava antes de começar a caminhada? ...

Observe como está agora, se algo mudou na sua mente, no seu coração, no seu corpo. Reserve um tempo para refletir antes de passar para a próxima atividade.

## TAREFAS PARA A SEMANA 8

**Meditação:** A partir de agora, a melhor maneira de seguir adiante com sua prática pessoal é combinar as três meditações aprendidas – o escaneamento corporal (1a ou 1b), Mindfulness da respiração (2a ou 2b) e a meditação 11 – Amabilidade para todos os seres, prática completa – e alterná-las ao longo da semana.
A prática da meditação 12 – Pausa de gratidão – está no endereço: https://respiravidabreathworks.com.br/recursos/livro-kindfulness-stress/

**Mindfulness em ação 8**: Escreva no diário da gratidão. Veja as instruções na página 195.

**Caminhada com atenção consciente**: Faça ao menos durante cinco dias. Incorporando tudo o que foi aprendido nessa prática, transforme sua caminhada em uma oportunidade de praticar a amabilidade com o que encontrar durante a atividade e de celebrar a vida. Pratique a meditação 13 – Kindfulness caminhando; leia o texto da prática ou escute o áudio em: https://respiravidabreathworks.com.br/recursos/livro-kindfulness-stress/

## TAREFAS PARA A SEMANA 2

# NOTAS FINAIS

## O RESTO DA SUA VIDA

Talvez seja a hora de começar a pensar em como você vai viver a sua vida a partir de agora. Ou seja, como você vai cuidar de si mesmo certificando-se de ter os recursos para lidar com as situações que a vida vai lhe apresentar, para que possa manter um senso de equanimidade e felicidade serena e estar presente para as outras pessoas quando elas precisarem de você?

Outra maneira de expressar isso é: como você continuará equilibrando os três sistemas emocionais, assegurando-se de que o sistema vermelho e o azul não superem o verde? Como vai infundir kindfulness na sua vida?

## E AGORA?

Chegamos ao fim do livro (para alguns também será o fim do curso). Esperamos que você tenha gostado e, especialmente, que esteja administrando o seu estresse de uma maneira melhor do que antes de iniciar o curso.

Se isso estiver acontecendo, por favor, lembre-se de que em grande parte funcionou porque você colocou em prática o que aprendeu nas aulas. Se quiser manter o estresse em um nível administrável, ou mesmo, colocá-lo de uma forma mais positiva, viver com equanimidade, então precisa continuar praticando. É simples assim.

Agora surge a pergunta: como você pode ter certeza de que continuará praticando? Se achou difícil praticar durante o curso, é muito provável que agora que acabou ache muito mais difícil ainda. Você provavelmente precisará de suporte.

O que pode fazer é buscar um grupo de meditação perto de você e juntar-se a ele, de preferência um que se reúna para praticar regularmente. Você precisará certificar-se de que pode continuar com as meditações de mindfulness e kindfulness que aprendeu durante o curso de gerenciamento do estresse. Observe que alguns grupos insistem para que você pratique apenas as mesmas meditações específicas que eles.

Na página RespiraVida BreathWorks, você encontrará recursos para continuar sua prática e aprender mais sobre mindfulness e kindfulness: www.respiravida.net.

Nessa página você encontrará uma lista de professores de mindfulness e compaixão MBPM e poderá ver todos os cursos, tanto presenciais quanto on-line, que oferecemos através da nossa rede de professores pelo mundo.

## ALGUMAS COISAS PARA RECORDAR

- Responder, não reagir.
- Há sofrimento que é inevitável; há outro que é opcional.
- O inevitável somente podemos aceitar, mas o que é evitável podemos reduzir.
- Como diz Jon Kabat-Zinn: "Você tem a solução debaixo do seu nariz".
- A respiração e a biologia do amor.
- Os pensamentos não são fatos (você não precisa crer em tudo o que pensar).
- Quando se trata de mudança interna, se você quiser ir de A para B, primeiro precisa estar realmente em A.
- Seja amável consigo mesmo e com os outros.

- A evolução e a sobrevivência do mais amável e pró-social.
- Naquilo que ponderamos, nisso se converte a inclinação da nossa mente.
- Pratique a gratidão.
- Quando se tratar de prática, você não precisa gostar, somente precisa fazer.

## ALGUMAS COISAS PARA FAZER

- Quando possível, faça apenas uma coisa de cada vez.
- Coloque toda a sua atenção no que faz.
- Quando a mente se desviar daquilo que está fazendo, traga-a de volta. Amavelmente.
- Repita o item vários milhões de vezes. Amavelmente.
- Continue fazendo as práticas que funcionaram para você durante o curso ou a leitura do livro.
- Se parar de fazê-las, o que é provável, apenas retome a prática.
- Encontre um grupo no qual você possa continuar meditando e compartilhando a sua prática.
- Procure a oportunidade de fazer um retiro para aprofundar a prática.
- Pratique a gratidão.
- Identifique momentos vivificantes e enaltecedores de "ressonância positiva".
- Enriqueça sua vida social com quem você mais se conecta e se sintoniza.

## ALGUNS LIVROS PARA LER

Estes são alguns livros muito relacionados ao que fizemos durante este curso; talvez você se interesse em consultá-los:


- *Amor 2.0: a ciência a favor dos relacionamentos.* Barbara Fredrickson, Companhia Editora Nacional, 2015.
- *Amor incondicional: Dialogo del Buda sobre el Karaniya Metta Sutta.* Sangharakshita, Editoria Asociación Triratna, 2011.
- *Tú no eres tu dolor: Mindfulness para aliviar el dolor, reducir el estrés y recuperar el bienestar.* Vidyamala Burch e Danny Penman, Editorial Kairós, 2016.
- *Vivir com atención plena.* Maitreyabandhu, Editorial Siglantana, 2017.
- *O cérebro de Buda: neurociência prática para a felicidade.* Rick Hanson, Editora Alaúde, 2012.
- *El corazón del mindfulness: la conciencia amable.* Vicente Simón, Editorial Sello, 2015.
- *No se trata de ser bueno.* Subhadramati, Editorial Dharmamegha, 2018.
- *El viaje y la guía.* Maitreyabandhu, Editorial Siglantana, 2020.
- *El arte de la reflexión: mindfulness y sabiduría.* Gary Hennessey (Ratnaguna), Editorial Siglantana, 2017.

Vamos concluir este livro com este belo poema:

Eu quero te perguntar:
Qual é a coisa mais profunda e maravilhosa deste mundo?
Senta-te ereto e medita até o fim.
Ao fazer isso, descobrirás um indício
e tudo ficará naturalmente claro.
Mantém a concentração,
não percas esta oportunidade e,
depois de um tempo, tua mente ficará clara
e serás sábio.
Então já não terás de continuar te enganando.
MESTRE ZEN RYOKAN

# REFERÊNCIAS BIBLIOGRÁFICAS


Analayo (2017) *Satipatthana: los orígenes de mindfulness.* Barcelona: Editorial Siglantana.

Analayo (2019) *Meditación Satipatthana: Una guía práctica.* Bilbao, Desclée de Brouwer.

Baer, R. et al. "Doing no harm in mindfulness-based programs: Conceptual issues and empirical findings". *Clinical Psychology Review.* doi:10.1016/j.cpr.2019.01.001

Bamba, British Association of Mindfulness Based Approaches, ex-UK Network for Mindfulness-Based Teacher Training (2008) *Guidelines for mindfulness teacher training.* Disponível em: https://bamba.org.uk/teachers/good--practice-guidelines.

Bodhipaksa (2018) *Aprende a meditar.* Barcelona: Editorial Siglantana.

BreathWorks Research Team (2018) *Overview of the Findings from our BreathWorks Mindfulness for Stress Programme.* Disponível em: https://drive.google.com/file/d/1v2jglfHxF_sSJAdE46K0kB089PmTKx6w/view?usp=sharing.

Brewer, J. A. et al (2011) "Meditation experience is associated with differences in default mode network activity and connectivity". *PNAS* December 13, 2011 108 (50) 20254-20259. doi: 10.1073/pnas.1112029108

Burch, V. (2011) *Viva bem com a dor e a doença: o método da atenção plena.* São Paulo: Summus Editorial.

Burch, V. (2016b) *Meditation and the management of pain, The Psychology of Meditation: Research and Practice.* Oxford University Press; VII: 153-176.

Burch, V. e Penman, D. (2016) *Tú no eres tu dolor: Mindfulness para aliviar el dolor, reducir el estrés y recuperar el bienestar.* Barcelona: Editorial Kairós.

Corominas M., Roncero C., Bruguera, E. y Casas M. (2007). "Sistema dopaminérgico y adicciones". *Revista de Neurología;* 44: 23-31.

Crane, R., Soulsby, J., Kuyken, W., Williams, M. & Eames, C. (2012) *MBI:TAC Mindfulness-Based Interventions Teaching Assessment Criteria*. Disponível em: https://mbitac.bangor.ac.uk/mbitac-tool.php.en.

Dragonetti, C. (1967) *Dhammapada. La esencia de la sabiduría budista*. Buenos Aires, Editorial Sudamericana.

Emmons, R. A. and McCullough, D. M. (2003) "Counting Blessings Versus Burdens: An Experimental Investigation of Gratitude and Subjective Well-Being in Daily Life". *Journal of Personality and Social Psychology*, Vol. 84, no. 2. doi: 10.1037/0022-3514.84.2.377

Farhi, D. (1998) *El gran livro de la respiración*. Editorial Robinbook.

Fredrickson, B. L. (2001) "The role of positive emotions in positive psychology: The broaden-and-build theory of positive emotions". *American Psychologist*, 56(3), 218-226. doi: 10.1037/0003-066X.56.3.218

Fredrickson, B. L. (2015) *Amor 2.0: A ciência a favor dos relacionamentos*. São Paulo, Companhia Editora Nacional.

Fredrickson, B. L., et al (2008) "Open Hearts Build Lives: Positive Emotions, Induced Through Loving-Kindness Meditation, Build Consequential Personal Resources". *J Pers Soc Psychol*. doi: 10.1037/a0013262

García Campayo J. y Demarzo, M. (2018) *¿Qué sabemos de mindfulness?* Barcelona, Editorial Kairós.

Germer, C. (2011) *El poder del mindfulness: liberate de los pensamientos y las emociones destructivas con la atención plena*. Barcelona, Editorial Paidós.

Gilbert, P. (2018) *La mente compasiva. Uma nueva forma de enfrentarse a los desafíos vitales* (p. 56). Sitges, Barcelona: Editorial Eleftheria.

Hanson, R. (2012) *O cérebro de Buda: Neurociência prática para a felicidade*. São Paulo, Editora Alaúde.

Hanson, R. (2013) *Solo una cosa: sencillos ejercicios para desarrollar un cerebro de buda*. Editorial Sirio.

Hanson, R. (2013) *Cultiva la felicidad. Aprende a remodelar tu cerebro… E tu vida*. Editorial Sirio.

Hanson, R. e Mendius, R. (2011) *El cerebro de buda: la neurociencia de la felicidad, el amor y la sabiduría*. Editorial Milrazones.

Hebb, D. O. (1949). *The Organization of Behavior*. New York, Wiley, ed.

Hennessey, G. (2016) *The Little Mindfulness Workbook: Everyday Techniques to Help You Combat Stress and Enhance Your Life*. United Kingdom, Crimson.

Hölzel, B. K., Carmody, J. et al (2010) "Stress reduction correlates with structural changes in the amygdala". Published in *Social cognitive Psychology, Medicine*. Disponível em: https://academic.oup.com/scan/article/5/1/11/1728269?login=false.

Kabat Zinn, J. (2017) *Viver a catástrofe total*. São Paulo: Palas Athena.

Kamalashila (1992) *Buddhist Meditation. Traquility, Imagination and Insigth*. Birmingham, Windhorse Publications.

Maitreyabandhu (2016) *Vivir con atención plena*. Barcelona: Editorial Siglantana.

MBPM-TAC (2016) *Modelo de competencias y evaluación docente del itinerario formativo para profesor de mindfulness y compassión MBPM*. Disponível em: http://www.redprogramasmindfulness.org/wp-content/uploads/2020/01/MBPM-TAC-2020.pdf.

McCullough, D. M., et al (2001) "Has Gratitude a Moral Affect?" *Psychological Bulletin by APA*. Vol. 127, no. 2, 249-266. doi: 10.1037//0033-2909.127.2.249

Neff, K. (2017) *Autocompaixão: Pare de se torturar e deixe a insegurança para trás*. Rio de Janeiro: Lúcida Letra.

Pizutti, L. T., Carissimi, A., Valdivia, L. J., et al. (2019) "Evaluation of Breath-Works' Mindfulness for Stress 8 week course: Effects on depressive symptoms, psychiatric symptoms, affects, self-compassion, and mindfulness facets in Brazilian health professionals". *Journal of Clinical Psychology* 2019; 1-15. doi: 10.1002/jclp.22749

Red Española de Programas Estandarizados de Mindfulness y Compasión (2019). Disponível em: http://redprogramasmindfulness.org.

RespiraVida BreathWorks (2015a) *Notas del profesor del programa Mindfulness para el Estrés MBPM de RespiraVida BreathWorks.* Manual não publicado.

RespiraVida BreathWorks (2015b) *Manual de tareas del programa Mindfulness para el Estrés MBPM de RespiraVida BreathWorks.* Manual não publicado.

RespiraVida BreathWorks (2015c) *Manual del estudiante de profesor MBPM.* Manual não publicado.

RespiraVida BreathWorks (2015d) *Estándares de calidad de los cursos MpS e MpE MBPM.* Disponível em: https://www.respiravida.net/estandares--de-calidad-de-los-cursos-mindfulness-para-la-salud-y-mindfulness--para-el-estres-mbpm.

Rosemberg, M. (2006) *Comunicação não violenta: uma linguagem de vida.* Rio de Janeiro: Sextante.

Salberg, S. (1997) *Amor incondicional. La vía budista de las residencias celestiales que cambiará tu vida.* Madrid: Editorial EDAF.

Sánchez Segura, M., González García, R. M., Cos Padrón, E., & Macías Abraham, C. (2007) *Estrés y sistema inmune.* Revista Cubana de Hematología, Inmunología e Hemoterapia, 23(2). Disponível em: http://scielo.sld.cu/scielo.php?script=sci_arttext&pid=S0864-02892007000200001&lng=é&tlng=é.

Sangharakshita (1997) *Visión y transformación.* Valencia, Editorial Asociación Budista Triratna.

Sangharakshita (2014) *Living with Kindness.* Cambridge, Windhorse Publications.

Sangharakshita U. (2020) *Amor incondicional: Dialogo del Buda sobre el Karaniya Metta Sutta.* Barcelona, Editorial Siglantana.

Sasmita A. O., Kuruvilla J., Ling A. P. (2018). "Harnessing neuroplasticity: modern approaches and clinical future". *The International Journal of Neuroscience.* 128 (11): 1061-1077. doi: 10.1080/00207454.2018.1466781

Segal, Z. V.; Williams, M. G. e Teasdale, J. D. (2006) *MBCT: Terapia cognitiva basada en el mindfulness para la depresión.* Bilbao, Editorial Desclée de Brower.

Seligman, Martin E. P. (2011) *Florescer: uma nova e visionária interpretação da felicidade e do bem-estar.* Rio de Janeiro: Editora Objetiva.

Seppala, E. (2014) *18 Science-Based Reasons to Try Loving-Kindness Meditation Today.* https://emmaseppala.com/18-science-based-reasons-try-loving-kindness-meditation-today.

Simón, V. (2015) *El corazón de mindfulness: la conciencia amable.* Barcelona, Editorial Sello.

Subhadramati (2020) *No se trata de ser bueno. Una guía prática hacia la ética budista.* Barcelona, Editorial Dharmamegha.

Vázquez, C., Hervás, G., Rahona, J. J., e Gómez, D. (2009) "Bienestar psicológico y salud: Aportaciones desde la Psicología Positiva". *Anuario de Psicología Clínica y de la Salud / Annuary of Clinical And Health Psychology,* 5: 15-28.

Williams, M. (2017) "Mindfulness and Psychological Process". *Emotion,* 2010, Vol. 10, no. 1, 1-7.

Williams, M. e Penman, D. (2015) *Atenção plena – Mindfulness: como encontrar a paz em um mundo frenético.* Rio de Janeiro: Sextante.

Zeidan F., et al. (2018) "Neural mechanisms supporting the relationship between dispositional mindfulness and pain". *Pain,* 2018 Dec; 159(12):2477-2485. doi: 10.1097/j.pain. 0000000000001344

Zuázquita, D. (2019) *Revisión narrativa de las publicaciones de investigación de la literatura científica relacionadas con el programa Mindfulness para la Salud MBPM de RespiraVida BreathWorks.* Zaragoza. TFM Master em mindfulness. Universidad de Zaragoza.

# ANEXO I

## PROGRAMA MINDFULNESS E COMPAIXÃO PARA O ESTRESSE MBPM RESPIRAVIDA BREATHWORKS

Este livro originou-se do programa Mindfulness e Compaixão para o Estresse MBPM. Tem a duração de oito semanas aproximadamente (o equivalente a cada capítulo deste livro) e uma sessão extra de prática de meditação e silêncio. É um programa secular, psicoeducativo, realizado em grupo, com padrões de qualidade respaldados em evidências científicas e práticas da tradição contemplativa.

É baseado no programa MBSR, criado pelo Dr. Jon Kabat-Zinn, da Universidade de Massachusetts, e contém elementos-chave do programa MBCT (Segal, 2017). Já o programa Mindfulness e Compaixão para a Saúde MBPM (Burch, 2016) compartilha os mesmos padrões de qualidade, como número, duração e estrutura das aulas, inclui práticas formais e informais de meditação, movimentos conscientes, debates e indagações guiadas por um professor, práticas e exercícios diários para fazer em casa.

A partir da segunda metade do curso e sendo sensível às implicações de ensinar mindfulness fora do contexto budista do qual se originou, coloca-se a ênfase no desenvolvimento de emoções positivas e éticas provenientes da tradição contemplativa budista – como amabilidade, compaixão e alegria empática – e de qualidades que promovam o desenvolvimento e o florescimento humano.

O programa Mindfulness e Compaixão para o Estresse MBPM tem sido objeto de pesquisas que conseguiram medir os efeitos da sua aplicação através de metodologia científica. Em um recente estudo quase experimental, concluiu-se que a aplicação do programa MBPM para um grupo de profissionais de saúde que atuam na atenção primária "reduziu os sintomas psiquiátricos e os afetos negativos (ansiedade, depressão, etc.), aumentou significativamente a autocompaixão" (Pizutti, 2019).

# ESTRUTURA SEMANA A SEMANA: TEMA, CONCEITO-CHAVE, PRÁTICA FORMAL E INFORMAL E DISTRIBUIÇÃO DOS SEIS PASSOS

| | Tema | Conceitos-chave | Prática de meditação | Mindfulness em ação | O processo dos seis passos |
|---|---|---|---|---|---|
| Semana 1 | Aprendendo a escolher | 1. O que é mindfulness<br>2. Piloto automático<br>3. Experiência primária e secundária<br>4. Aprender a escolher | O escaneamento corporal | Realizar uma atividade cotidiana mindfulness | **Passo 1:** A consciência é possível<br><br>(aprender a prestar atenção não reativa à experiência interna e à externa) |
| Semana 2 | Voltando aos nossos sentidos | 5. Modo ser e modo fazer<br>6. Modo perceptual-sensorial e modo conceitual da mente<br>7. Obstáculos à prática<br>8. O papel da respiração | Mindfulness da respiração | Fazer algumas coisas mais lentamente do que o habitual | |
| Semana 3 | Viver e mover-se com mindfulness | 9. Meditação em movimento<br>10. Os pensamentos não são (necessariamente) fatos<br>11. Os seis passos para a equanimidade | 1. Trabalhando com os pensamentos<br>2 Movimentos conscientes I<br>3. Pausa mindfulness em três passos | Fazer uma pausa | |
| Semana 4 | Aproximar-se do desagradável | 12. Lidar com pensamentos "carregados"<br>13. Gerenciar as experiências difíceis com aceitação e amabilidade<br>14. O paradoxo de mindfulness | 1. Trabalhando com pensamentos carregados<br>2. Estar com uma experiência não desejada | Aceitar uma experiência difícil | **Passo 2:** Aproximar-se do desagradável<br><br>(aceitação e autocompaixão) |
| Semana 5 | Sente-se. Celebre a vida | 15. Equilibrar o viés da negatividade<br>16. Observar as experiências positivas e prazerosas da vida | 1 Movimentos conscientes II<br>2. Escaneamento corporal notando o prazeroso | Receber o bom | **Passo 3:** Ir ao encontro do agradável<br><br>(apreciação e curiosidade) |

| | Tema | Conceitos-chave | Prática de meditação | Mindfulness em ação | O processo dos seis passos |
|---|---|---|---|---|---|
| **Semana 6** | Kindfulness: a bondade amorosa | 17. Kindfulness: a consciência amável<br>18. Três sistemas emocionais<br>19. Amabilidade para si mesmo<br>20. Amabilidade para si mesmo *versus* autocrítica<br>21. Consciência do ambiente - perspectiva | Amabilidade para si mesmo | Passar um tempo no círculo verde | **Passo 4:** Um recipiente maior<br><br>(perspectiva e equanimidade) |
| **Semana 7** | A dimensão social e altruísta | 22. Consciência das outras pessoas<br>23. Ampliando o círculo de kindfulness<br>24. Refletindo sobre as suas redes sociais e a ressonância positiva<br>25. O funil da exaustão | Amabilidade a si mesmo, à pessoa amiga, à neutra, à difícil e a todos os seres. | Refletir sobre suas interações sociais | **Passo 5:** Conexão<br><br>(humanidade compartilhada) |
| **Semana 8** | Uma espiral positiva para florescer | 26. Do funil da exaustão à espiral do florescimento<br>27. Escolher responder ao invés de reagir<br>28. Praticar a gratidão<br>29. O resto da sua vida | A amabilidade - kindfulness caminhando | Uma pausa de gratidão | **Passo 6:** A escolha<br><br>(responder e não reagir) |

# ANEXO II

## ÁUDIOS DAS PRÁTICAS GUIADAS DO PROGRAMA MINDFULNESS E COMPAIXÃO PARA O ESTRESSE MBPM

| Meditação | Duração (minutos) | Página |
|---|---|---|
| Exploração 1: Beber uma xícara de chá | 4 | 30 |
| Exploração 2: Ser consciente de uma parte do seu corpo | 3 | 35 |
| Exploração 3: Explorando a respiração | 11 | 62 |
| Meditação 1a: Escaneamento corporal versão breve | 11 | 44 |
| Meditação 1b: Escaneamento corporal versão longa | 19 | 44 |
| Meditação 2a: Mindfulness da respiração versão longa | 13 | 76 |
| Meditação 2b: Mindfulness da respiração versão breve | 6 | 76 |
| Meditação 3: Exercício escutando os sons | 8 | 86 |
| Meditação 4: Mindfulness – Trabalhando com os pensamentos | 15 | 88 |
| Meditação 5: Movimentos conscientes – primeira sequência | 24 | 93 |
| Meditação 6: Pausa mindfulness em três passos | 5 | 101 |

| Meditação 7a: Estar com uma experiência não desejada | 15 | 115 |
|---|---|---|
| Meditação 7b: Trabalhando com pensamentos carregados | 12 | 118 |
| Meditação 8: Movimentos conscientes – segunda sequência | 19 | 134 |
| Meditação 9a: Amabilidade para si mesmo usando frases | 9 | 154 |
| Meditação 9b: Amabilidade para si mesmo usando imagens | 5 | 154 |
| Meditação 9c: Amabilidade para si mesmo usando a respiração | 8 | 155 |
| Meditação 9d: Amabilidade para si mesmo usando o gesto amável | 9 | 155 |
| Meditação 10: Amabilidade para uma pessoa amiga | 12 | 170 |
| Meditação 11: Amabilidade para todos os seres – a consciência amável prática completa em cinco etapas | 29 | 176 |
| Meditação 12: Pausa de gratidão | 5 | 196 |
| Meditação 13: Kindfulness caminhando | 16 | 197 |

No seguinte endereço você pode encontrar os áudios: https://respiravidabreathworks.com.br/recursos/livro-kindfulness-stress/

# MINDFULNESS EM AÇÃO: PRÁTICA INFORMAL DE CADA SEMANA

| | |
|---|---|
| Semana 1 | Mindfulness em ação 1: Realizar uma atividade cotidiana com mindfulness |
| Semana 2 | Mindfulness em ação 2: Fazer algumas coisas mais lentamente do que o habitual |
| Semana 3 | Mindfulness em ação 3: Fazer uma pausa |
| Semana 4 | Mindfulness em ação 4: Aceitar uma experiência difícil |
| Semana 5 | Mindfulness em ação 5: Receber o bom |
| Semana 6 | Mindfulness em ação 6: Passar algum tempo no círculo verde |
| Semana 7 | Mindfulness em ação 7: Refletir sobre suas relações sociais |
| Semana 8 | Mindfulness em ação 8: Praticar a gratidão |

# ANEXO III

## SOBRE A PEDAGOGIA, DIDÁTICA E DOCÊNCIA DO PROGRAMA

Dura oito semanas, e cada aula de 2 h 30 min tem os seguintes elementos:

1. Praticar a meditação.
2. Compartilhar como foi a prática durante a semana (pontos fortes e dificuldades).
3. Recapitulação.
4. Descanso de vinte minutos.
5. Apresentar os temas e conceitos-chave da semana.
    a. Através de representações vivenciais, didáticas e interativas.
    b. Prática de meditação em relação com o tema da semana e/ou sequência de movimentos conscientes.
    c. Indagação sobre a experiência da prática, sua relação com padrões da vida cotidiana e/ou relação com conceitos-chave.
6. Apresentar as práticas e tarefas para a semana.

Ao final das oito semanas, nas seguintes duas, três ou quatro semanas, oferece-se uma sessão extra para praticar e aprofundar. Sugere-se que essa sessão seja realizada com uma duração mínima de 2 h 30 min, até um máximo de 6 horas. Essencialmente é uma sessão conduzida em que se alternam períodos de silêncio e as meditações do curso, com um espaço para compartilhar a experiência de continuar a prática depois do curso.

Toda a metodologia tem base no modelo de competências docentes MBPM-TAC (2016).

## SENSIBILIDADE AO TRAUMA E POTENCIAIS EFEITOS ADVERSOS DA PRÁTICA DE KINDFULNESS

Cultivar a amabilidade e usar frases compassivas para conosco pode fazer com que tropecemos em sentimentos difíceis ou experiências traumáticas do passado que estão armazenadas ou adormecidas na memória emocional. Embora o objetivo de kindfulness não seja gerar experiências agradáveis (mas se ocorrem são bem-vindas), quando praticamos a atenção consciente ou consciência amável, tanto como acontece com intervenções bem estabelecidas no campo da saúde, como psicoterapia ou esportes, podem surgir sentimentos incômodos e até mesmo dolorosos.

Um grupo de pesquisadores estabeleceu que existem três fatores inter-relacionados que podem contribuir para uma prática não segura ou que podem produzir danos pelo mindfulness: fatores relacionados à intensidade da prática, fatores relacionados à vulnerabilidade do participante e fatores relacionados ao professor e às instruções (Baer et al, 2019).

A prática de kindfulness é por natureza convidativa e empírica. É verdade que pode ser incômoda, desagradável e desafiadora, mas, ao mesmo tempo, não causa danos. Embora os efeitos adversos sejam possíveis, geralmente são de baixa intensidade e pouco frequentes. Por esse motivo, é aconselhável praticar no contexto de um grupo facilitado por alguém que tenha uma experiência consolidada na prática, alguém que tenha recebido formação adequada como professor de mindfulness e/ou compaixão e que receba supervisão. É aconselhável realizar uma entrevista prévia (fazer um *screening* ou triagem) com o participante/paciente para saber o seu estado de saúde física e mental.

É importante reconhecer as reações adversas e aprender a controlá-las, caso contrário elas podem criar resistência à prática da meditação. O efeito adverso – *backdraft*, ou "contracorrente" (Neff, 2013) – é uma metáfora para o que acontece com um bombeiro que pretende apagar o fogo, por exemplo, de uma sala que está completamente fechada, e quando abre a porta de entrada repentinamente, o oxigênio reacende o fogo.

Algumas diretrizes básicas e simples para lidar com alguns efeitos adversos podem consistir, por exemplo, em expandir o círculo de atenção (incluindo sons e outras sensações presentes), redirecionando a atenção para o corpo, a respiração ou mudando o foco da atenção amável para outro ser (um amigo ou animal de estimação). Por fim, outra opção é parar de meditar e realizar uma atividade reconfortante que envolva o corpo (tomar um chá, caminhar em um parque, etc.).

## ITINERÁRIO FORMATIVO PARA SER PROFESSOR DE KINDFULNESS

Para oferecer o programa Mindfulness e Compaixão para o Estresse com base neste livro, são oferecidos dois roteiros de treinamento: um para os que já são professores RespiraVida BreathWorks certificados e outro para professores de outros programas.

No primeiro caso, é necessário primeiro ser professor certificado no modelo Mindfulness e Compaixão para a Saúde MBPM, para posteriormente poder acessar o título de professor de Kindfulness por meio de um treinamento de especialização on-line destinado ao programa Mindfulness e Compaixão para o Estresse MBPM.

PROFESSOR KINDFULNESS - Itinerário de treinamento para professores certificados RespiraVida BreathWorks

No caso de já ser professor de outro programa (MSC, MBCT, MBSR, etc.), graduado, mestre ou especialista, pode-se obter a qualificação de professor de Kindfulness concluindo primeiro o curso de oito semanas como participante, em seguida realizando um retiro de treinamento de professores presencial de cinco dias e, por fim, fazendo um estágio supervisionado por um mentor.

PROFESSOR KINDFULNESS - Itinerário de formação para professores de outros programas, mestres ou especialistas

Programa Mindfulness e Compaixão para o Estresse » Retiro de cinco dias pedagogia e ensino » Curso de prática kindfulness

Todo o caminho formativo se ajusta às diretrizes da British Association of Mindfulness Based Approaches – BAMBA (BAMBA, 2006) e da Red española de programas estandardizados basados en mindfulness y compasión (Red Española 2019). De ambas reconhecidas instituições, RespiraVida BreathWorks é membro cofundador junto com as Universidades de Bangor, Oxford e outros prestigiados programas reconhecidos internacionalmente e com base em evidências científicas (MBSR, MBCT, MSC).

As entidades mencionadas por sua vez seguem as recomendações e os padrões internacionais da Global Integrity Network e da European Association of Mindfulness Based Approaches – EAMBA – (a Associação RespiraVida BreathWorks é membro afiliado desta última).

O programa MBPM é creditado pela Federação de Terapeutas Holísticos do Reino Unido.

No ano de 2015, o Serviço Nacional de Saúde do Reino Unido (NHS) conduziu uma avaliação do formato e do conteúdo das diferentes opções de formação de professor e concluiu que o treinamento de Mindfulness e Compaixão MBPM da BreathWorks era a melhor. BreathWorks CIC, fundada no ano de 2001, está qualificada como uma Companhia de Interesse para a Comunidade (CIC) pelo valor dos benefícios sociais que aporta.

O projeto da RespiraVida BreathWorks, que começou no ano de 2007, tem sua sede em Valência, Espanha, e desde o ano de 2012 se constituiu como uma associação sem fins lucrativos para difundir os programas Mindfulness e Compaixão para a Saúde MBPM e Mindfulness e Compaixão para o Estresse MBPM na Ibero-América (em espanhol e português).

# ANEXO IV

## PESQUISA CIENTÍFICA SOBRE O PROGRAMA MINDFULNESS E COMPAIXÃO PARA O ESTRESSE MBPM RESPIRAVIDA BREATHWORKS

O programa foi avaliado através de um estudo quase experimental com profissionais da saúde que trabalhavam na atenção primária na cidade de Porto Alegre – RS (Pizutti, 2019). Os participantes foram divididos em três grupos: lista de espera, controle ativo e grupo Mindfulness para o Estresse (MpE) MBPM. Eles foram avaliados antes de iniciar e após as oito semanas de duração da intervenção, através de questionários padronizados que mediram as cinco facetas de mindfulness (observação, descrição, agir com consciência, não reatividade e não julgamento), a autocompaixão, os afetos positivos e negativos, os sintomas psiquiátricos gerais e especificamente os sintomas depressivos.

O controle ativo utilizou técnicas de relaxamento derivadas da terapia cognitivo-comportamental, de utilidade já demonstrada em outras pesquisas. Todos os participantes estavam em atividade e participaram da pesquisa durante o horário de trabalho, havendo um engajamento com as atividades propostas nos grupos ativos.

Os resultados obtidos foram bastante animadores: houve redução significativamente maior de sintomas psiquiátricos gerais (como dormir mal, sentir-se tenso ou preocupado, ou ter sensações desagradáveis no estômago, nos últimos trinta dias), sintomas depressivos,, redução de afetos negativos, aumento de autocompaixão, aumento das dimensões de observação, não julgamento e não reatividade no grupo MpE comparado aos outros grupos. É importante ter em mente que os participantes dessa pesquisa não tinham um diagnóstico, como transtorno depressivo maior ou transtornos de ansiedade, porém reportaram no início da pesquisa a presença de sintomas em níveis leves, que melhoraram com a prática de mindfulness. A redução em sintomas depressivos foi de 76,7% e de sintomas psiquiátricos gerais foi de 72% em comparação com a avaliação inicial.

Ao observar os pensamentos com uma consciência não julgadora, o participante pode escolher continuar o diálogo com esses pensamentos ou deixá-los ir (usando a respiração como uma maneira de resgatar a atenção, por exemplo). Assim é possível reduzir a ruminação de eventos passados ou a antecipação de eventos futuros, pois ambas as atitudes são fonte de afetos negativos e de sintomas psiquiátricos gerais e depressivos em particular.

Também se propõe o cultivo da aceitação das experiências que estão presentes, uma atitude de observação sem engajamento excessivo (ruminação ou superidentificação) ou insuficiente (evitação) para o contínuo fluir das experiências internas ou externas. Com esse cultivo é possível diminuir as experiências secundárias que podem ser fonte de sofrimento, melhorando a habilidade de regulação emocional e permitindo um melhor ajuste psicológico às experiências vivenciadas. A partir da aceitação, é possível vislumbrar quais elementos podem ser modificados e quais são as ações mais efetivas para se aproximar do objetivo esperado.

Depois de participar do programa, os escores de autocompaixão aumentaram de forma expressiva em comparação com os outros dois grupos. Vários estudos encontraram associações inversas significativas entre autocompaixão e ansiedade, depressão e várias outras emoções negativas, ou seja, quanto maior a autocompaixão, menor a presença de sintomas. O cultivo de autocompaixão por profissionais de saúde pode lhes dar suporte quando se deparam com as limitações inerentes ao trabalho e ajuda a lidar com as suas reações de uma forma que lhes permita estarem mais conectados aos pacientes, através da humanidade compartilhada.

Uma das diferenças em relação ao Programa de Redução do Estresse Baseado em Mindfulness (Mindfulness-based Stress Reduction – MBSR) é a presença do cultivo da amabilidade como uma característica que permeia todo o programa, pois está incluído em todas as práticas meditativas e em muitos dos conceitos-chave apresentados ao longo das oito semanas. Em seu desenvolvimento, levou-se em conta uma preocupação inerente à secularização de qualquer conjunto de práticas desenvolvido em contexto budista, que é manter o direcionamento ético nas atividades propostas. Esse direcionamento permite cultivar uma consciência que é sensível ao contexto em que o participante está inserido, e fomentar a motivação para cuidar melhor de si mesmo e das pessoas com as quais interage como o mecanismo de mudança e de aperfeiçoamento pessoal, que produz os resultados propostos.

# SOBRE OS AUTORES

**Ratnaguna** (Gary Hennessey) é membro da Ordem Budista Triratna e pratica o budismo há quarenta anos. Foi um dos fundadores do Centro Budista de Manchester. Viveu e trabalhou durante alguns anos em um centro de retiro de estudos budistas no norte de Gales.

Atualmente vive em Salford, é cofundador e ex-diretor de formação de BreathWorks.

Escreveu outros livros, como *Great Faith, Great Wisdom: Practice and Awakening in the Pure Land Sutras of Mahayana Buddhism* (2015), *The Little Mindfulness Workbook* (2016) e, em 2017, o Editorial Siglantana publicou *El arte de la reflexión: mindfulness y sabiduría.*

**Dharmakirti** (Julio Sebastián Zuázquita Serra) é diretor de RespiraVida BreathWorks, associação sem fins lucrativos, pioneira na formação profissional de Mindfulness e Compaixão MBPM na Espanha e na América Latina.

É professor certificado por Breathworks UK e Senior Teacher Trainer do programa MBPM. É mestre em Mindfulness pela Universidade de Saragoça, coach ontológico e graduado pela Universidade Nacional de Córdoba.

Além disso, é professor de mestrado e pós-graduação em universidades e instituições espanholas e portuguesas, como a Universidade de Alcalá de Henares e o Instituto Português de Psicologia.

Cofundador da Red Española de Programas Estandarizados de Mindfulness y Compasión e da Asociación para el Diálogo entre la Meditación y la Ciencia.

Nasceu na Argentina e atualmente reside em Valência, Espanha. Tem estudado, praticado e ensinado meditação, ética e psicologia budista há mais de vinte anos no contexto da Comunidade Budista Triratna. Seu foco principal é ser capaz de preparar outras pessoas para que, por sua vez, possam comunicar de forma corporificada e compassiva as ferramentas e a sabedoria da tradição contemplativa com base em evidências científicas para todos aqueles que delas precisam.

# OUTROS RECURSOS PARA PRATICAR MINDFULNESS E COMPAIXÃO

**Retiros**

Participar de um retiro presencial é uma forma bastante adequada de integrar e consolidar a aprendizagem e a prática com o apoio de pessoas com muitos anos de experiência e conhecimento no tema. Existem diversos centros de retiro distribuídos em diferentes países que oferecem uma ampla gama de possibilidades. Os leitores interessados encontrarão mais informações nas seguintes páginas da Comunidade Budista Internacional Triratna:

**Na Espanha**

www.suryavana.es: Centro de Retiros Suryavana, Comunidade Budista Triratna, Jérica

www.budismo-valencia.com: Centro Budista Triratna Valencia

www.budismo-barcelona.com: Centro Budista Triratna de Barcelona

www.thebuddhistcentre.com/madrid: Comunidad Budista Triratna de Madrid

www.ecodharma.com: Centro de retiros nos Pireneus Catalães

www.guhyaloka.com: Centro de retiros em Serra de Aitana, Alicante

www.akashavana.org: Centro de retiros na região de Aragão

www.respiravida.net: RespiraVida BreathWorks Internacional oferece treinamento profissional em Mindfulness e Compaixão para a Saúde MBPM em formato on-line e presencial.

www.bodhiyoga.es: Bodhiyoga, ioga baseado em mindfulness.

**No México**

www.budismo.com: Centro Budista da Cidade do México
www.budismotoluca.com: Centro Budista de Toluca
www.budismocuernavaca.org: Centro Budista de Cuernavaca

**Na Venezuela**

www.meditacion-merida.com: Centro Budista Triratna de Mérida

**No Brasil**

www.facebook.com/budismosaopaulo.com.br: Centro de Budismo Triratna São Paulo

**Outros recursos on-line**

www.centrobudista.online: Cursos sobre budismo online ao vivo
www.librosbudistas.com: Recursos e livros budistas sobre meditação
www.librosdebudismo.com: Dharmamegha, livros budistas digitais
www.freebuddhistaudio.com: Áudios budistas grátis: palestras

Texto composto em Palatino LT Std.
Impresso em papel Pólen Soft 80g na Cromosete.